真宗伝道学研究序説

深川宣暢　著

永田文昌堂

An Introduction to Studies in

Shinshu Propagation

Written by

Sencho Fukagawa

Nagata Bunshodo

ま え が き

　真宗に限らず仏教の歴史において「伝道」という語はいまだ比較的新しいことばである。同じような意味をもって使われてきた語に、伝承、相承、相伝、伝播、伝法などという語もあるが、それは基本的にすでに仏道の実践を志した者、すなわち修行者における師から弟子へと伝えられる仏道という意味が基本であった。

　仏教はそのような実践者によって民衆・大衆一般にも伝わってきたのではあるが、貴族や民衆一般への伝道という領域は第二義的な分野であって、第一には師資相承という語に示されるような、仏道実践者が師となり弟子となって仏法・仏道を受け伝えることが中心であった。

　しかしながら一方で、特に大乗仏教の展開とともに、説法、説教、説経、法談、談義、布教とか、唱導、教化、勧化、教化などといわれるような、大衆一般に対する伝道という領域を指して用いられる語も、比較的古くから見られている。

　いまここに「真宗伝道学」というのは、基本的には後者の領域に関する学問を指しているが、学問が普遍性を持ちうるためには、その学が対象とする領域と、その領域における方法とが一定の範囲で定められことによって、はじめて体系化され組織化されてゆくものであろう。これまで真宗における伝道の研究においては、それらが必ずしも明確になっていないというところに、その「伝道学」の内容が全体的に曖昧で不明瞭に見える大きな原因の一つがあると考えられる。

　本書はその真宗伝道学の体系を基礎づけるために、すでに相当な厚みをもって行われてきた教義学中心の真宗学と関係づけ、基本的な真宗教義の上に伝道学を位置づけることによって、その基礎的な研究の方法を定めることを意識して述べたものである。後学の真宗伝道学研究に資することができるなら、筆者のよろこびとするところである。

2021年12月8日　深川宣暢

Preface

The word "Propagation" is relatively new in the history of not just Jodo Shinshu but of Buddhism in general. Many other terms have been used that are related in meaning, such as "passed down," "tradition," "inherited," "posterity," and "transmission." However, these words mainly refer to those who have decided to embark on the Buddhist path, in other words, practicing monks who would be receiving the Dharma transmission from their teachers.

In Buddhism, these practicing monks would then convey their teachings to the masses. However, propagating to the nobility and common folk was only considered secondary to the primary goal of Dharma-transmission from teacher to student, both of whom were monks. This is the process in which the student and teacher both play a central role in the proper transfer of the Buddha Dharma and the Buddhist path.

Nevertheless, along with the development of Mahayana Buddhism, teaching the Dharma through sermons, lectures, commentaries on sutras, discussions on the Dharma, inquiries into the teachings, missionary work, leading lay sanghas, proselytization, and guidance on the Buddhist path, all show clear evidence of propagation to the general population from early on in Buddhism's history.

"Studies in Shinshu Propagation" focuses primarily on the academic research of the latter mentioned above, that is, sharing the Buddha Dharma with the masses. But in order for this area of study to be broadly recognized, it must determine a fixed object of study as well as the proper method in which to pursue this field, thereby establishing a systematic and organized approach. Research in the issue of propagation in the context of Jodo Shinshu up until this point has not made these points clear. For this main reason, "Studies in Propagation" is thus perceived as confusing and ambiguous.

In this work, to systematize the foundation of "Studies in Shinshu Propagation," I will identify its connection to the well-established and deeply researched field of Shinshu Doctrinal Studies. Then, using Shinshu doctrine as the basis, I will establish the meaning of "Studies in Propagation," thereby clarifying the methodology for exploring this new area of research. This was my intended purpose for this work. I will be content if this can be useful to future generations pursuing research into the Studies of Shinshu Propagation.

Sencho Fukagawa
December 8, 2021

目　次

まえがき

Table of Contents

Preface

真宗伝道学研究序説

An Introduction to Studies in

Shinshu Propagation

第1章　仏教の展開と真宗伝道学

1　真宗における「伝道」の語義

　真宗伝道学の研究対象となるのは、真宗における「伝道」なのではあるが、その「伝道」という語が意味する内容について考察しておこう。

　「伝道」とは一般に、「主にキリスト教で、教旨を伝え宣（の）べて未信仰者に入信を促すこと。ミッション⁽¹⁾」や、「教えを伝え、広めること。宗教、特にキリスト教において、その教えを未知・未信の人々に述べ伝え、その人びとを信徒とする教会の仕事をいう。布教。宣教⁽²⁾」等とされているように、キリスト教にもとづいた言葉で、「原語のmissionは、元来派遣を意味し、教団の本質的使命、神ないし教団創立者から世間につかわされて、その教えを広めることを示している⁽³⁾」と言われるように、キリスト教では「神や教主などからの派遣」であり、「教団の使命」と位置づけられている活動でもある。

　原語はmission（派遣、使命）ないしはevangelism（福音伝道）であって、プロテスタント教会では「伝道」、カトリック教会では「宣教」、「布教」と訳されることが多いようである。この伝道について研究教育するのがキリスト教神学の中の「実践神学」の分野であり、特にその一部門としての伝道学（宣教学）である。

　明治以降、仏教教団もこのmissionの訳語としての「伝道」、「布教」を用いてはきたが、キリスト教における「派遣や使命」というような位置づけがされたわけではなくして、ただ「教えを伝え、広める」という一般的な広い意味で用いられたといえる。真宗（特に本願寺派）においても、現代に至る

まで「伝道」というよりも「布教」という語の方が教団内に定着し、宗門の法規や組織において用いられてきているといえるが、「布教」という語はやはり「説法」、「説教」という意味に近いものとして使われていて、より広い分野で「教えを伝え、広める」ことをあらわそうとする場合は「伝道」という語が用いられている。

　仏教において、この「伝道」に類する語として古来用いられてきたのは、釈尊の「初転法輪」以来、「説法」、「唱導」という語が中心であった[4]。すなわち基本的には「仏の教法を口に出して説くこと」であり、「仏教の真理を説いて他を導くこと、またその話」のことを意味する。仏教が中国に伝播してからは、多く「唱導」という語が用いられ、この語は仏教が日本に伝来してからも長く用いられてきた。

　日本仏教においては、聖徳太子の講経儀式をはじめとして「説経」（経文を講説すること）の語が用いられたが、やはり口演演説による伝道を基本として展開し、前の「唱導」とともに「説教」、「法説」、「説法」、「法談」、「講談」、「談義」等という語が用いられた。ここでは「伝道」という語を、小異にこだわらず、以上のような説法・唱導・法説・説経・法談・講談・談義・説教・布教等という語をも包括する意味で用いることとする。

　また他にも、伝道に関係する語として、「口演による伝道」という限られた意味だけではないものとして、勧化や教化（人びとを勧め、教えて感化することという意）、勧導や教導（勧め教え導くという意）等の語も古来用いられているので、索引等によって資料を探索する場合には知っておくべきであろう。

　ところでこれらの説法、説教の同義語として真宗において多く用いられる「讃嘆」という語は、真宗教義にもとづいて用いられる特異な用語として注意しておくべき語である。すなわち真宗教義からすれば、人々を教え導くのは仏・如来であり、説教者はあくまで説教使・布教使であって、その役目としては、仏・如来の広大なる徳を「讃嘆」することに尽きるということを意

味している。逆にいえば、人々を教え導き救済する布教師、説教師・唱導師ではないということを表す語なのであり、人びとを導き救済するのは、あくまで仏・如来であって、真宗の説教・説法は、その如来の仰せを取り次ぐだけであるとして、説教をまた「おとりつぎ」と呼ぶのもこの意味なのである。

　以上のように仏教・真宗において「伝道」に類する語をいくらかあげて見るならば、それらを手がかりにして「伝道」の内容の大体が知られてくるが、それはまず基本的には口演による「説教・説法」であったことが知られる。

　以上をふまえて、あらためて真宗における伝道を、いわゆる説教・説法のみに限らず、より広義に、より総合的に定義するならば、まず広くは「伝道」とは「教法を伝え、広めること」を意味するとしてよいだろう。そして真宗におけるその「教法」とは何かといえば、「浄土真宗における宗教的真実（法）＝救済の法、およびその表現（教）」であると見ることができる。またそれは何の目的のためになされるかといえば、「すべての存在（十方衆生）の救済」のためなのであるから、「真宗の伝道」とは、「浄土真宗の教法（宗教的真実とその表現）およびその救済をすべての存在に伝え、広めること」と定義することができる。

　そしてその「伝道」を対象とするのが「真宗伝道学」であるから、そこから「真宗伝道学」を「学」として踏み込んで定義するならば、
　　浄土真宗における宗教的真実の表現および救済法の伝達の実際に関する
　　理論や方法を研究する営み。
という定義ができると思う。

2　仏教における伝道　—真理の伝達とは—

　仏教における「伝道」とは何かと考えるとき、その仏教の目的が転迷開悟にあるとすれば、その開悟された内容（すなわちさとりの内容）を伝えることが「伝道」であるといえる。言いかえれば悟られた「真理」を伝達するこ

3

とだと言っても良いのであろう。しかしながらそこで考えられることは、実は真理を悟っていない者がそれを伝達することはできないわけで、ただ悟れる者（覚者）であるところの仏陀のみがなし得ることだと言わざるを得ない。すなわち真理はいかに伝えられるか、いや伝わるかといえば、真理（あるいは真理を悟った者）によってのみ可能となるのが仏教の「伝道」であるということになる。

　親鸞が、『唯信鈔文意』に[(5)]

　　おほよそ十方世界にあまねくひろまることは、法蔵菩薩の四十八大願の
　　中に、第十七の願に、十方無量の諸仏にわがなをほめられむ、となへら
　　れむとちかひたまへる、一乗大智海の誓願成就したまへるによりてなり。

と述べるように、真理（直接的にはここでは名号）は誰か能力のある者によって伝わりひろまるのではなく、まさに法蔵菩薩の願力によって「伝わる」のである。すなわち真理は不完全なる衆生が「伝える」のではなく、真理は真理によって「ひろまり」「伝わる」のであって、これが仏教における「伝道」の在り方の基礎なのであろう。

　それならその真理は、具体的にはどのように「伝わって」きたのであろうか。われわれが一般に理解できる歴史、すなわち仏陀釈尊以降に仏陀に成った者はいない無仏の世の歴史においては、仏陀釈尊が悟った真理は、釈尊在世の時にその真理を聞いた者が伝えひろめたという他はない。

　しかし彼らは真実の意味で真理の体現者ではないのであるから、どこか不完全なるものを懐きながらの伝道であるしかなかったのであろう。それでも現在のこの時代にまで仏教が伝わったのは、伝えられる側すなわち未だ真理を知らない衆生の側に、間違いなく真理探究の欲求が存在したからであると思う。その欲求に、不完全ながらも真理を聞き伝えた者が、何とか応じてきた歴史が、仏教における伝道の歴史であると考えることができる。

　仏教における「伝道」には、キリスト教が「伝道」をmissionという語で表すような、教団・教会が派遣した神父・牧師の本質的使命とか、任務・役

割として福音を伝え未知・未信の人々に伝えて入信させるというような意味は本来無い。仏教の伝道は、玄奘の『大唐西域記』などによって知られるような仏教伝播の歴史を見るまでもなく、真理を求める者が、真理をたずねてゆくという方向において成立したものであって、基本的に真理を聞いた者が「宣教」して入信させ信徒にするという方向ではなかったのである⁽⁶⁾。

したがって仏教において、真理はいかに伝えられてきたのかといえば、具体的にはただ仏陀の言葉（仏説）を聞いた者が、それを真理として伝え、真理を求める人々の要求に応じてきたということになろう。それは「ことば」によって「真理のことば」は伝えられてきたのではあるが、真理は真理の側からのみ、ひろまってゆくという前提があるということを確認しておかねばならない。

3　伝道・説法と伝道研究の歴史的展開

さて人間に限られることではないが、われわれが生存してきた歴史において、お互いのコミュニケーションの基本的な手段としてきたのは「声」であった。人々は「声」で感情や意思を表現しつつ、それを「ことば」にし、また「文字」にしてきたのである。仏教における伝道の手段も他ではなく、釈尊成道後の最初の伝道説法である「初転法輪」をはじめとして、伝道の歴史はその「声」の展開の歴史ともいえる。それは釈尊の声を直接に聞いた弟子達を「声聞」といい、多くの仏教経典が「如是我聞」とはじまっていることなどからも充分考えられることである。すなわち伝道とは、説法・説教として、まずは「声」として展開したものである。

説教・説法としての伝道は、漢訳の経典において、釈尊の時代をはじめとする初期仏教のものについても多くが「説法」という訳語を用いて記述されるが、釈尊の生涯においては、初転法輪から涅槃に至るまでが説法・伝道の生活でもあり、また十大弟子の一人である富楼那が「説法第一」と称讃され

ていることなどからも、やはりこの説法という伝道法は、釈尊在世の時代から仏教伝播の歴史とともに基本的な伝道として展開してきたものといえる。

　この説法とは、浄土三部経においては、『無量寿経』（以下『大教』と示す）上巻の「重誓偈」(7)に、

　　常に大衆の中にして、法を説きて獅子吼せん。

とあり、『同』下巻(8)には、

　　いまわれこの世において仏となりて、経法を演説し、道教を宣布して、
　　もろもろの疑網を断ち、愛欲の本を抜き、衆悪の源を杜ぐ。

等とある。また『観無量寿経』下下品(9)にも、

　　善知識の種々に安慰して、ために妙法を説き、教へて念仏せしむ。

とあるように、伝道は「教法を宣説すること」として行われてきたが、またそれが展開するとともに、説法・説教を行うことについて、仏陀の説法に従って一定の条件や心得、作法やしきたり等が語られるようになっていった。そこに「伝道研究」の始まりを見ることができる。

　例えば『思益梵天所問経』の巻二(10)には、

　　若菩薩能知如来以是五力説法。是菩薩能作仏事。梵天言。何謂如来所用
　　五力。仏言。一者語説。二者随宜。三者方便。四者法門。五者大悲。是
　　名如来所用五力。

と述べて、如来の説法は時宜にかない機に従ってこそ成るものであることを、「五力」すなわち語説、随宜、方便、法門、大悲を用いて説いている。

　あるいは『法苑珠林』巻二三(11)には、『十住毘婆沙論』を引用して、

　　又十住毘婆沙論云。法師処師子座有四種法。何等為四。一者欲昇高座。
　　先応恭敬礼拝大衆然後昇座。二者衆有女人応観不浄。三者威儀視瞻有大
　　人相。敷演法音顔色和悦人皆信受。不説外道経書心無怯畏。四者於悪言
　　問難当行忍辱。

　　復有四法。一於諸衆生作饒益想。二於諸衆生不生我想。三於諸文字不生
　　法想。四願諸衆生従我聞法。於阿耨菩提而不退転。

　　復有四法。一不自軽身。二不軽聴者。三不軽所説。四不為利養。又文殊

　　師利問経云。文殊師利白仏言。四衆於何時中不得作声。或身口木石及諸

　　余声。

と示し、説法の座に着く際の心得について、四の項目を三重にわたって述べ
ているほどである。

　その他にも『大集経』（大正蔵・巻13所収）、『未曾有経』（大正蔵・巻17所
収）、『観仏三昧経』（大正蔵・巻15所収）、『法鼓経』（大正蔵・巻9所収）、『般
舟三昧経』（大正蔵・巻13所収）、『菩薩処胎経』（大正蔵・巻12所収）、『念仏
三昧経』（大正蔵・巻13所収）、『涅槃経』（大正蔵・巻12所収）、『優婆塞戒経』
（大正蔵・巻24所収）等、多くの経典が説法・伝道について記述することが
知られるが、中でも『優婆塞戒経』は大乗菩薩道における自利利他の説法の
意義を、よく表現しているものであるとされる。(12)

　すなわちその第二巻「自利利他品」には、まず菩提と菩提道を明らかにして、
「菩提を離れて菩提道はなく、菩提道を離れて菩提なし」と示した後、大乗(13)
菩薩の自利利他の実践について、「自ら利益するは名づけて実となさず。他
を利益するは乃ち自利と名づく。…他を利益するは即ち是れ自利なり」と述(14)
べて、自利の後に利他せよとは言わず、利他において自利が完成することを
説いているのである。そして、自利のために利他説法することを説き、(15)

　　善男子よ、もし沙門・婆羅門・長者・男女、あるいは大衆の中に諸々の

　　過失あるものを、菩薩見已りてまずその意に随ひ、然る後に説法して調

　　伏を得せしむ。もしそれ先ずその意に随ひて、便ち説法を為すこと能は

　　ざれば、是れを則ち名づけて下品の菩薩と名づく。

と説法をすすめ、法の如く説法するにはまず「八智」（一に法智、二に義智、
三に時智、四に知足智、五に自他智、六に衆智、七に根智、八に上下智）を
具足すべきことを明かす。『優婆塞戒経』はこの部分で、八智を具足するこ
とに次いで、法を説くものと法を聴くものについて、それぞれ「十六事」と
して十六の心得を明かしているのである。すなわちまず説法の人について、「是

の人是の如き八智を具すれば、凡そ説く所有るに十六事を具す[16]」として、

　　一に時説、二に至心説、三に次第説、四に和合説、五に随義説、六に喜
　　楽説、七に随意説、八に不軽衆説、九に不呵衆説、十に如法説、十一に
　　自他利説、十二に不散乱説、十三に合義説、十四に真正説、十五に説き
　　已りて憍慢を生ぜず、十六に説き已りて世報を求めず。

という十六事をあげ、次いで同時に聴法の心得について「是の如き人は能く
他に従ひて聴く。他に従ひて聴く時に十六事を具す[17]」として、

　　一に時聴、二に楽聴、三に至心聴、四に恭敬聴、五に不求過聴、六に不
　　為論義聴、七に不為勝聴、八に聴く時に説者を軽んぜず、九に聴く時に
　　法を軽んぜず、十に聴く時終に自ら軽んぜず、十一に聴く時に五蓋を
　　遠離す、十二に聴く時為に受持し読む、十三に聴く時為に五欲を除く、
　　十四に聴く時為に信心を具す、十五に聴く時為に衆生を調ふ、十六に聴
　　く時為に聞根を断ず。

という十六事をあげて、「善男子よ、八智を具足する者は能く説き能く聴く。
是の如き人は能く自他を利す。具足せざる者は自利利他と名づくることを得
ず[18]」と結んで、八智および能説・能聴の十六事を具足した時に、実の自利を
成立せしめる利他の説法となることを説いているのである。

　これら説者・聴者の心得に関する説は、真宗における『安楽集』に述べら
れる「説聴の方軌[19]」を連想させるものである。それは、

　　諸部の大乗によりて説聴の方軌を明かすとは、中に六あり、第一に『大
　　集経』にのたまはく、「説法のものにおいては医王の想いをなせ、抜苦
　　の想をなせ。説くところの法には甘露の想をなし、醍醐の想をなせ。そ
　　れ法を聴くものは増長勝解の想をなし、癒病の想をなせ。もしよくかく
　　のごとく説くもの、聴くものは、みな仏法を紹隆するに堪へたり、つね
　　に仏前に生ず」と。

と述べられるものであるが、この『安楽集』の『大集経』の文は、『教行信証』
『信巻』真仏弟子釈に引用されるものでもある[20]。また『安楽集』はこれに続

8

く文に『智度論』を引用して、

> 第二に『大智度論』にいはく、「聴くものは端視して渇飲のごとくせよ。
> 一心に語議のなかに入り、法を聞きて踊躍し心に悲喜す。かくのごとき
> の人にために説くべし」と。

と説くのであるが、これはまた『御文章』三帖目五通[21]に、

> わが開山（親鸞）の一流相伝のおもむきを申しひらくべし。それ、解脱
> の耳をすまして渇仰のかうべをうなだれてこれをねんごろにききて、信
> 心歓喜のおもひをなすべし。

等とあるところを連想させるものでもある。

　以上のように、仏教の伝道は一般にはまず「声」としての説法として始ま
り、その伝道法が考察・研究されるようになって、伝道の研究である、いわ
ゆる「伝道学」が展開してゆくようになったと見ることができよう。

（1）　『広辞苑』（第七版）「伝道」の項参照

（2）　小学館『日本国語大辞典』（第二版）「伝道」の項参照

（3）　『ブリタニカ国際大百科事典』（ブリタニカ・ジャパン　小項目電子辞書版・2011年）「伝道」の項参照

（4）　以下は深川宣暢「真宗伝道における説教の研究─説教の構成について─」（『真宗学』113所収・2006年）の考察による。

（5）　『浄土真宗聖典全書』（以下『浄真全』と示す）2-691頁／『浄土真宗聖典註釈版』（以下『註釈版』と示す）703頁

（6）　ただしキリスト教の伝道も、その主体は教会であり伝道の歴史はそのまま教会の歴史であると考えられていたが、20世紀半ば頃から「神の伝道」ということが注目されるようになり、伝道の真の主体は神であり、その神のはたらきに参加する使命を与えられた神の民が教会だと考えられるようになったという。（参考『ブリタニカ国際百科事典』電子版2011年）ただしその場合においても、根本的に神を前提としていることは仏教と相違するところではある。

（7）　『浄真全』1-30頁／『註釈版』25頁

（8）　『浄真全』1-55頁／『註釈版』60頁

（9）　『浄真全』1-97頁／『註釈版』115頁

（10）　『大正蔵』巻15・40頁下

（11）　『大正蔵』巻53・460頁中

（12）　武邑尚邦「仏教伝道史」（布教研究所編『布教法入門』23頁以下）参照

（13）　『大正蔵』巻24・1042頁中〜1044頁中（原漢文）

（14）　『大正蔵』巻24・1043頁上（原漢文）

（15）　『大正蔵』巻24・1043頁上〜中（原漢文）

（16）　『大正蔵』巻24・1043頁中（原漢文）

（17）　『大正蔵』巻24・1043頁中〜下（原漢文）

（18）　『大正蔵』巻24・1043頁下（原漢文）

（19）　『浄真全』1-575頁／『浄土真宗聖典註釈版・七祖篇』（以下『註釈版七祖篇』と示す）185頁

（20）　『浄真全』2-99頁／『註釈版』258頁

（21）　『浄真全』5-131頁／『註釈版』1143頁

第2章　親鸞の伝道

1　親鸞における「求道」と「伝道」

　親鸞という人は、その実践の姿勢からして、人々の前に立ち人々の方に向いて対面した「伝道者」というより、生涯にわたって人々とともに弥陀に向かい、念仏の実践に身を置いた「実践者・求道者」というイメージにおいてとらえられやすい。しかしながら遺されている『消息』の類や『門侶交名牒』等によれば、関東（特に常陸）を中心に多くの門人・門弟が存在した事実が知られるのであって、それは親鸞によって「伝道」が行われた明らかな結果でもある。

　親鸞はしかし「弟子一人ももたず候ふ」（『歎異抄』第6条）と言い、「煩悩具足の凡夫、火宅無常の世界は、よろづのこと、みなもつてそらごとたはごと、まことあることなきに、ただ念仏のみぞまことにておはします」（『歎異抄』後序）ともいう。

　ならば「弟子ももたず」、説く者も聴く者も「みなもつてそらごとたはごと」とする親鸞において行われた、その「伝道」とは何であったのか。それは何を根拠にし、どのような構造において成立していたのか。ここではそれを考察し、真宗における伝道の根拠、およびその構造を明らかにしてみよう。

　そもそも大乗仏教教理の基本的構造において、自利と利他とは不離相即の関係にあって、例えば大乗の菩薩の必須の実践徳目である「六波羅蜜」（六度の行）の第一が「布施」とされているように、「与えること」すなわち利他がそのまま「自らの行」としての自利になるという構造において説かれて

いる。すなわち利他即自利、自利即利他というのが大乗菩薩道の基本構造なのである。

　ここでいう「伝道」という語も、「求道」という語と対にして同様に考えられる。一般には「求道」の目的を達した者、完成した者においてはじめて「伝道」は行われると考えられようが、大乗仏教の基本構造においては、利他としての「伝道」はそのまま自利である「求道」と不離相即の関係にあるものとしてとらえられるべきなのであろう。

　しかしながら親鸞においては、必ずしも上のような構造では表現されていないように思われる。つまり最初から「求道」と「伝道」が相即の関係として表現されているとは思えない。むしろ一般の理解のように「求道」の目的を達した者において「伝道」は行われるという表現である。例えば、性信坊に宛てた『消息』(1)に、

　　往生を不定におぼしめさんひとは、まづわが身の往生をおぼしめして、
　　御念仏候ふべし。わが身の往生一定とおぼしめさんひとは、仏の御恩を
　　おぼしめさんに、御報恩のために御念仏こころにいれて申して、世の中
　　安穏なれ、仏法ひろまれとおぼしめすべしとぞ、おぼえ候ふ。

と言われるように、「まずわが身の往生を求め（求道）、往生一定の人は仏法ひろまれ（伝道）と念仏申せ」と言われているところからすれば、「求道」から「伝道」という展開の方向のみが考えられている。そしてその「伝道」の内容は「御報恩のために念仏申す」ことと述べられているのである。

　同様のことは教忍坊への『消息』(2)に、

　　まづ一念にて往生の業因はたれりと申し候ふは、まことにさるべきこと
　　にて候ふべし。さればとて、一念のほかに念仏を申すまじきことには候
　　はず。そのやうは、『唯信鈔』にくはしく候ふ。よくよく御覧候ふべし。
　　一念のほかにあまるところの念仏は、十方の衆生に回向すべしと候ふも、
　　さるべきことにて候ふべし。

とあって、「一念にて往生の業因はたれり」と一応の求道の目的を達した上に、

「一念のほかにあまるところの念仏は、十方衆生に回向すべし」と伝道の意図が示され、また『和讃』[3]にも、

　　　仏慧功徳をほめしめて　十方の有縁に聞かしめん
　　　信心すでにえんひとは　つねに仏恩報ずべし

と述べられたり、

　　　弥陀の名号となへつつ　信心まことにうるひとは
　　　憶念の心つねにして　　仏恩報ずるおもひあり[4]

とか、

　　　弥陀の尊号となへつつ　信楽まことにうるひとは
　　　憶念の心つねにして　　仏恩報ずるおもひあり[5]

等と述べてあるところからも、信心を得た人、すなわち一応の「求道」の目的を達した人が、仏恩に報いるために仏をほめ、念仏を申し、名号を称えて、十方の有縁に聞かしめるということが「伝道」であるとする文脈において理解できる。

2　親鸞の回心と伝道

　では親鸞が「信心を得た」のはいつなのか、そして親鸞の「伝道」は具体的にはいつ頃から行われたのかということを確認しておこう。

（1）親鸞の回心の時期

　親鸞の回心（いわゆる十八願転入）の時期については、まず『化身土巻』[6]の、

　　　愚禿釈の鸞、建仁辛酉の暦、雑行を棄てて本願に帰す。

という文によって、建仁元年（親鸞29歳）とするのが妥当なところであると思われるが、『恵信尼消息』のいわゆる「寛喜の内省」の書状[7]によって、建保2年（親鸞42歳）とする説や、その『恵信尼消息』が示した年である寛喜

13

３年（親鸞59歳）説、あるいは『教行信証』撰述の年とされる元仁元年（親鸞52歳）説等が考えられている。[(8)]

　この中、元仁元年（親鸞52歳）は現在では『教行信証』が書き始められた年と見るのが学界の一応の定説であるから、『教行信証』の内容を回心後の教学の体系だとすれば、回心はそれより以前のこととしなければならない。

　また「寛喜の内省」の消息に表れる「三部経千部読誦」の記事は、「執心自力」を問題にしてはいるが、それは後述するように直接は「衆生利益」に関する執心自力の問題である。親鸞の他の表現と合わせて考えてみても、親鸞自身の根本的回心の時期を示すものではないと考えられるので、親鸞自身の回心は少なくともその「衆生利益」を思い立つ以前、すなわち42歳以前と考えるべきであろう。

　そうするとやはり「雑行を棄てて本願に帰す」と『化身土巻』に自ら述べるところの建仁元年（親鸞29歳）をもって親鸞自身の回心の時期としてよいと思われる。『化身土巻』の続きの文[(9)]には師・法然の『選択集』書写および真影図画を感動的に記述していることからも、また別の『恵信尼消息』[(10)]に、

　　法然上人にあいまいらせて…よき人にもあしきにも、同じ様に生死いづべき道をば、ただ一すぢに仰せられ候ひしを、うけたまはりさだめて候ひしかば、…

等とあること等からしても、親鸞自身の回心は29歳の吉水入門の時とするのが妥当なところであろう。

（２）親鸞の伝道実践の時期

　では親鸞の伝道教化は、その回心の後に直ちに行われたのかというと、必ずしもその事実は見えてこない。ここでは親鸞の具体的な伝道の時期を確認しておこう。

　親鸞の伝道教化に関する早い時期の文献として注目すべきものに、高田派

専修寺に蔵されている真仏書写の『親鸞夢記』がある。それには『御伝鈔』上巻第三段にも引かれる親鸞の六角堂夢告の文、すなわち「行者宿報設女犯」で始まる四句の偈文を記した後に、

　　救世菩薩、この文を誦してのたまはく、この文は吾誓願なり。一切群生
　　に説き聞かすべしと告命したまへり。この告命によつて、数千万の有情
　　にこれを聞かしむと覚えて夢さめおはんぬ。（原漢文）

とあって、告命によってこの夢告の偈文のこころを「数千万の有情に聞かし
む」と覚えて夢がさめたと記している。この時期の親鸞はまだ妻帯もしてい
なかったと思われるし、他に対して伝道教化を行ったことはなかったとして
も、すでにその心境にはそうした世界が開けつつあったと解すべきであろう
という研究もある。[11][12]

　逆に親鸞の積極的な伝道の時期を最も遅く見るのが、前述した『恵信尼消息』
の「寛喜の内省」を根拠にして寛喜３年（親鸞59歳）以降と想定する説であ
る。[13]すなわち恵信尼の消息に、寛喜３年４月に三部経千部読誦を断念し、「自
信教人信」と決心したことが見えているから、親鸞の伝道教化はそれ以降で
あるとし、さらに『親鸞聖人門侶交名牒』の最初に記される門弟が高田の真
仏で当時22歳であること、また順信や唯円等の親鸞の門弟は、寛喜３年以降
に入門した人が多いこと等から、これらを親鸞が寛喜３年以降から伝道教化
を行ったことを示すものであるとするのである。

　そしてこれを傍証するのが聖覚の『唯信鈔』の書写の時期であるとする。
すなわちその書写は寛喜２年の５月のことであるが、その結びに[14]

　　信謗ともに因として、みなまさに浄土に生るべし。今生ゆめのうちのち
　　ぎりをしるべとして、来世さとりのまへの縁を結すばんとなり。われお
　　くれば人にみちびかれ、われさきだたば人をみちびかん。生々に善友と
　　なりてたがひに仏道を修せしめ、世々に知識としてともに迷執をたたん。

とある。親鸞はこれを読んで念仏弘通を決意したのであろうとするのである。

　この説に対して、『恵信尼消息』の記事は、親鸞の三部経千部読誦は寛喜

３年まで継続していたのではなく、建保２年に断念したことを述べるもので
あって、むしろこの時期に「自信教人信」の伝道教化こそが真の報仏恩の道
であると決意したものと見られること、また『門侶交名牒』に見える親鸞の
門弟の中、性信、証信、常念等は、親鸞が常陸に入る以前に下総で教化さ
れた関東における初期の門弟であったこと等から、親鸞の伝道教化の時期は、
必ずしも寛喜３年以降のこととは考えられず、むしろこの建保の頃から積極
的な伝道が行われたのであろうとする研究があって、『恵信尼消息』の解釈⁽¹⁵⁾
の上からも妥当な見解であろうと思う。

　その他にも親鸞の伝道に関する資料として、『御伝鈔』上巻第三段では、⁽¹⁶⁾
　　もしわれ配所におもむかずんば、なによりてか辺鄙の群類を化せん。
　　これなほ師教の恩致なり。
として、流罪を契機に伝道教化を行ったとしている。

　また『報恩講私記』は、⁽¹⁷⁾
　　ここに祖師（親鸞）、西土（印度）の教文を弘めんがためにはるかに東
　　関の斗藪を跂てたまふ。しばらく常州筑波山の北の辺に逗留し、貴賤上
　　下に対して末世相応の要法を示す。（原漢文）
と記して「教文を弘めるために」関東に移住し要法を説示したことを述べて
いる。

　さらに覚如は『拾遺古徳伝』の、巻九の第七段に、⁽¹⁸⁾
　　善信聖人も勅免のうへは、やがて帰京あるべきにてはんべりけるほどに、
　　聖人入洛ののちいくばくならずしてのち入滅のよしきこえければ、…中
　　略…師訓をひろめて滅後の化儀をたすけんにはとて、いそぎものぼりた
　　まはず、東関のさかひここかしこにおほくの星霜をぞかさねたまひけるや。
と記して、「師訓をひろめて滅後の化儀をたすけん」ために関東に赴いたと
示している。

　さらに覚如の弟子・乗専が著した『最須敬重絵詞』巻一にも、⁽¹⁹⁾
　　明師聖人帰京の時、おなじく勅免ありけれども、事の縁ありて東国にこ

え、はじめ常陸国にして専修念仏をすすめたまふ。

とあって、同様に関東での伝道の事実を記している。

さて以上のような資料を総合して考えてみると、親鸞における具体的かつ積極的な伝道は、流罪赦免後、法然の遷化を経て、関東へ移住するころから本格化していると見ることができるようである。

また関連して注意されるのは、親鸞自身の著述の意義についてである。著述の最初と考えられるのは『観経・弥陀経集註』であるが、そこに親鸞独自の教学（いわゆる己証）はいまだ明確にあらわれていないと見られる。とすれば、その己証があらわれるのは今のところ『教行信証』（もしくは『浄土文類聚鈔』）を最初としなければならない。そして形式的に見れば、前述した親鸞における信心成立（回心）が29歳であるならば、それ以降の著述は直接には自らの往生のためのものではないわけであるから、『教行信証』以降の全ての著述における親鸞の独自の教学（己証）も、広くは利他教化、伝道のためになされたものであるという意義を持つことになるということを確認しておかねばならない。

3　『恵信尼消息』の考察

さて前述した『恵信尼消息』「寛喜の内省」の書状は、親鸞における伝道を考察する際に、欠かすことのできない基本的な文献である。いま長くはなるが、考察のための基礎的資料であるから、あらためて引用し、検討してみよう。[20]

　　善信の御房、寛喜三年四月十四日午の時ばかりより、かざ心地すこしおぼえて、その夕さりより臥して大事におはしますに、腰・膝をも打たせず、てんせい、看病人をもよせず、ただ音もせずして臥しておはしませば、御身をさぐれば、あたたかなること火のごとし。頭のうたせたまふこともなのめならず。

さて臥して四日と申すあか月、くるしきに、「まはさてあらん」と仰せらるれば、「なにごとぞ、たはごととかや申すことか」と申せば、「たはごとにてもなし。臥して二日と申す日より、『大経』をよむことひまもなし。たまたま目をふさげば、経の文字の一字も残らず、きららかにつぶさにみゆるなり。さてこれこそこころえぬことなれ。念仏の信心よりほかには、なにごとか心にかかるべきと思ひて、よくよく案じてみれば、この十七八年がそのかみ、げにげにしくⒶ三部経を千部よみて、すざう（衆生）利益のためにとて、よみはじめてありしを、これはなにごとぞ、Ⓑ＜自信教人信難中転更難＞とて、みづから信じ、人を教へて信ぜしむること、まことの仏恩を報ひたてまつるものと信じながら、Ⓒ名号のほかにはなにごとの不足にて、かならず経をよまんとするやと思ひかへして、よまざりしことの、さればなほもすこし残るところのありけるや。⒟人の執心、自力のしんは、よくよく思慮あるべしとおもひなしてのちは、経よむことはとどまりぬ。さて臥して四日と申すあか月、＜まはさてあらん＞とはまうすなり」と仰せられて、やがて汗垂りてよくならせたまひて候ひしなり。

　三部経、げにげにしく千部よまんと候ひしことは、信蓮房の四つの歳、武蔵の国やらん、上野の国やらん、佐貫と申すところにてよみはじめて、四五日ばかりありて、思ひかへして、よませたまはで、常陸へはおはしまして候ひしなり。

　信蓮房は未の年三月三日の昼に生れて候ひしかば、今年は五十三やらんとぞおぼえ候ふ。

　この消息は、寛喜３年（1231年・親鸞59歳）の４月14日、親鸞が風邪で病床に臥したとき、火のような高熱の中で『大経』を読む幻覚を見たことから、17・18年前に、衆生利益のために三部経千部読誦を思い立って始めたが、名号のほかに何の不足があって経を読もうとするかと思い返して読むことを止めたことを思い起こし、人の執心、自力の心について思い返したという事情

を伝えている。

　またこの消息の恵信尼の結びの文から、経典読誦を始めたのが、上野の佐貫においてのことであり、未年（建暦元年に当たる）誕生の信蓮房が４歳の年（建保２年・1214年・親鸞42歳）の出来事であることがわかる。

　研究によれば、この佐貫という所は、館林の南、利根川に沿う地であるが、古来水害の甚だしい所で、住民はそれに苦しめられることが多かった。しかし利根の舟運による南下の拠点でもあって、こうした土地は古来難民の集まるところでもあったようである。親鸞もそうした民衆を見て読経を思い立ったのかも知れないが、結局「自信教人信」という結論に至ったのである。

　この消息は親鸞の生涯において伝道の契機を示唆する重要なものであるが、いま親鸞の伝道の内容を考察するにあたって、この消息の注意すべき部分に傍線を付してみた。そして上の消息の文脈において、傍線部分から導き出される事柄は次のようなことである。

（１）親鸞に「衆生利益」の意思があり、42歳の時、佐貫でその「衆生利益」のために三部経を千部読誦しようと思い立ったことがあること。（傍線Ⓐ）

（２）「衆生利益」は「報仏恩」の実践であり、真の報仏恩は「自信教人信…」であると確信していたこと。（傍線Ⓑ）

（３）また「衆生利益」すなわち「報仏恩」の実践は、名号に不足するものは何もないと思い返して三部経千部読誦を止めたこと。（傍線Ⓒ）

（４）これらの事を寛喜３年４月（親鸞59歳）に、風邪の高熱の中で幻覚を見るように思い出したが、人の執心、自力の心についてあらためて思いをなしてからは、読経の幻覚も止まったこと。（傍線Ⓓ）

等である。以下これに沿って考察をすすめよう。

4　親鸞における「衆生利益」の根拠

　さて上の消息の傍線部Ⓐにおいて、まず親鸞が求めたのは、おそらく目前

に存在したのであろう水害や飢饉によって苦悩する衆生のための、「衆生利益」である。そして文脈からすると、この消息での「衆生利益」という言葉は、恵信尼ではなく親鸞自身が使った言葉として記されている。

　そこで親鸞の著作において「衆生利益」という語に直接に関係する語の用例を見ると、『讃阿弥陀仏偈和讃』に、

　　　安楽浄土にいたるひと　　　五濁悪世にかへりては
　　　釈迦牟尼仏のごとくにて　　利益衆生はきはもなし

とあるのをはじめ、『曇鸞讃』には、

　　　還相の回向ととくことは　　利他教化の果をえしめ
　　　すなはち諸有に回入して　　普賢の徳を修するなり

とあり、また『唯信鈔文意』には、

　　　このさとりをうれば、すなはち大慈大悲きはまりて生死海にかへり入りてよろずの有情をたすくるを普賢の徳に帰せしむと申す。この利益におもむくを、「来」といふ、これを法性のみやこへかへると申すなり。…

と述べ、また

　　　法性のみやこより衆生利益のためにこの娑婆界にきたるゆゑに、「来」をきたるといふなり。

という。また『歎異抄』第四条では、「慈悲」について聖道門と浄土門とを比較して述べる中に「衆生利益」の語が見える。

　　　慈悲に聖道・浄土のかはりめあり。聖道の慈悲といふは、ものをあはれみ、かなしみ、はぐくむなり。しかれども、おもふがごとくたすけとぐること、きはめてありがたし。浄土の慈悲といふは、念仏して、いそぎ仏に成りて、大慈大悲心をもつて、おもふがごとく衆生を利益するをいふべきなり。今生に、いかにいとほし不便とおもふとも、存知のごとくたすけがたければ、この慈悲始終なし。しかれば、念仏申すのみぞ、すゑとほりたる大慈悲心にて候ふべきと云々。

すなわち浄土門の慈悲とは「いそぎ仏になりて、おもふがごとく衆生を利益

20

する」ことであるから、「念仏申す」ことのみが、完全なる慈悲であるというのである。

　これらを総合して見ると、親鸞は基本的に「衆生利益」を「普賢の徳」としてとらえている。すなわち浄土往生した人々が往生即成仏の仏果を得て、因位の相を示現して衆生利益を行うのが「普賢の徳」を修することなのである。このことは親鸞が『讃阿弥陀仏偈和讃』(27)に、

　　安楽無量の大菩薩　　　一生補處にいたるなり

　　普賢の徳に帰してこそ　穢国にかならず化するなれ

とされるが、この「普賢」の語の左訓に「ダイジダイヒヲマフスナリ」とあること等からも知られる。要するに親鸞は還相の菩薩、いわゆる従果降因の仏・菩薩が行うのが「衆生利益」であるとしているのである。言いかえれば「衆生利益」の主格は、あくまで仏・菩薩にあるということである。

　この親鸞の理解の根拠は『大経』にある。すなわち『大経』序分の六事成就の中、衆成就には十六正士について八相成道の模様が長々と説かれている。これは大乗の菩薩の有様を示すのであるが、この菩薩は正覚の仏が示現した利他教化の姿である。『大経』(28)では、これらの菩薩について、

　　みな普賢大士の徳に遵へり。もろもろの菩薩の無量の行願を具し、一切
　　功徳の法に安住す。十方に遊歩して権方便を行じ、仏法蔵に入りて彼岸
　　を究竟し、無量の世界において等覚を成ずることを現じたまふ。

と説いて、この菩薩方が普賢の徳にしたがっている姿を示し、八相成道の行相を説いて大乗菩薩道を説示する。親鸞はこの行道としての大乗菩薩道をもって聖道門が行ぜられていると見る。たとえば『末灯鈔』(29)に、

　　聖道といふは、すでに仏に成りたまへる人の、われらがこころをすすめ
　　んがために、仏心宗・真言宗・法華宗・華厳宗・三論宗等の大乗至極の
　　教なり。仏心宗といふは、この世にひろまる禅宗これなり。また法相宗・
　　成実宗・倶舎宗等の権教、小乗等の教なり。これみな聖道門なり。権教
　　といふは、すなはちすでに仏に成りたまへる仏・菩薩の、かりにさまざ

まの形をあらはしてすすめたまふがゆゑに権といふなり。

とあるように、仏・菩薩が因位の行相を示現して、これを衆生に見聞せしめ
て仏道をすすめ、衆生はその菩薩に導かれて、自らもこの菩薩の行を実践し
ようと仏道を歩み出すというのが聖道門であると見るのである。つまり聖道
門の行者の行は、行道として大乗菩薩道の行を自らも行ずるというところに
ある。いま『恵信尼消息』に述べるところの「衆生利益」も、聖道門におい
てはその行の中におさまるものである。

　そして『大経』は、この序分の後に法蔵菩薩を説き、その四十八願を説く
のであるが、この法蔵菩薩についても、たとえば法蔵修行の段（勝行段）に、
諸種の行相を説く中に、[30]

　　みづから六波羅蜜を行じ、人を教えて行ぜしむ

とあるように、やはり大乗菩薩道を行ずる菩薩として説かれている。

　ところが『大経』は、衆生が、この菩薩の示す行相に接して、この菩薩の
行道にしたがって行ずべしと説かれているのかといえば、そうではない。釈
尊は「聞其名号　信心歓喜」と勧めるのである。また仏智疑惑の失をあげ、
聞名歓喜して為得大利と流通してゆくのである。『大経』は、この菩薩の行
道を説くことよりも、菩薩の思惟・発願および果上に建立された浄土の荘厳
をより詳しく説いてゆく。そしてその慈悲救済によって浄土に往生すること
勧め、それによって覚りに至ることを説いてゆくのである。少なくとも親鸞
は、これが聖道門に対する浄土門なのであると述べてゆくのである。

　『大経』において「衆生利益」の主格は、あくまで大乗菩薩道を行ずる仏・
菩薩である。それは聖道門においては、衆生（行者）が、その菩薩の行を実
践することを根本とするが、浄土門においては、その仏・菩薩の慈悲を根本に、
中心に置くのである。すなわち浄土門においては、如来の慈悲という、行者
からすれば仏力・他力である救済を信受することが、衆生（行者）の実践と
なる。そうして衆生の実践は、如来の救済活動で満たされるという構造にあ
るのである。

　さて問題を『恵信尼消息』にもどしてみるならば、傍線部Ⓐにおいて、親鸞は「衆生利益」のために三部経千部読誦を思い立ったが、それは本来『大経』に示されるように、仏・菩薩の行道であった。聖道門ではその菩薩の道を自らも行ずるのが基本であったが、浄土門の行者あり方かたはそうではなかった。『愚禿悲歎述懐讃』[31]に、

　　　小慈小悲もなき身にて　　有情利益はおもふまじ

　　　如来の願船いまさずば　　苦海をいかでかわたるべき

と述べられるように、まずは、ただ如来の慈悲救済を信受して浄土に生まれること、そして利他教化の果を得て、普賢の徳を修することにおいて「利益衆生」は「すえとおる」ものとなるのである。

　すなわち『大経』に根拠づけられるように、「衆生利益」は、「自信教人信」の「教人信」ではなく、「自信」においてのみ成立してゆくのが浄土門なのである。

　しかしながら、親鸞自身は20年の間、比叡山における聖道の行者であった。「衆生利益」といえばそのまま菩薩の行にしたがって行ずるのは、ごく基本的であたり前のことであった。そして浄土門に帰入してもなお、その自力聖道の慣習は残っていたのであって、それを「人の執心、自力のしんは、よくよく思慮あるべし」と深く内省したところで幻覚が消えた（傍線部Ⓓ）という出来事が、この消息の伝えるところなのであろう。

5　親鸞における「自信教人信」の意義

　さて真宗の伝道を考える場合のキーワードである傍線部Ⓑの「自信教人信」の意義に言及しておかねばならない。ここには、

　　　＜自信教人信　難中転更難＞とて、みづから信じ、人を教へて信ぜしむ

　　　ること、まことの仏恩を報ひたてまつるものと信じながら…

とあるわけだから、前の文を受けたこの部分は、佐貫の人々の苦悩を目の前

にして思い立った「衆生利益」は、親鸞においてそのまま「報仏恩」の営みであることと受けとられており、その真の報仏恩の実践は「自ら信じ、人を教えて信ぜしむる」ことであるという意味になる。言いかえれば親鸞における「衆生利益」（利他教化＝伝道）の内容は「自信教人信」に他ならないということである。

　しかし前章で考察したように親鸞において「衆生利益」を行う主格は仏・菩薩であって、いまいう「教人信」を行う主格もその例外ではないはずである。『歎異抄』第六条に、

> 親鸞は弟子一人ももたず候ふ。そのゆゑは、わがはからひにて、ひとに念仏を申させ候はばこそ、弟子にても候はめ。弥陀の御もよほしにあづかつて念仏申し候ふひとを、わが弟子と申すこと、きはめたる荒涼のことなり。

等といわれるのも、このことを表すものであろう。

　とすればこの「教人信」（人を教えて信ぜしむること）は、凡夫衆生が自らはからうべきものではなく、如来の救済を信受する「自信」に具わるものであると考えなければならない。前述したような親鸞の伝道活動の事実は、何を根拠にして行われたかという問いに答えるには、結局は「自信」というその「信」の内容を見る必要がある。

　さてその「信」については、『教行信証』『信巻』において展開されているが、その信の内容を要約するなら次のように言えるであろう。

　衆生の上に成立する信心は、もともとは、如来の真実心（至心）と大悲心（欲生）によってまちがいなく衆生を救うという如来の確信（信楽）であり、如来の上に成就され衆生に回施される「本願力回向の信心」である。

　この信心はまた、

> 真実信心はすなはちこれ金剛心なり。金剛心はすなはちこれ願作仏心なり。願作仏心はすなはちこれ度衆生心なり、度衆生心はすなはちこれ衆生を摂取して安楽浄土に生ぜしむる心なり。この心即ちこれ大菩提心な

り。この心即ちこれ大慈悲心なり。この心即ちこれ無量光明慧に由りて

生ずるが故に。

と述べる。すなわち信心の内容を開けば、願作仏心（仏になろうと願う心）という自利の心と、度衆生心（衆生を浄土に生まれさせようという心）という利他の心との自利利他の二徳を備えた大菩提心ということができる。なぜならこの心はもと如来の大悲心であり、如来の智慧から生じたものであるからであると言うのである。

つまり如来の大悲救済を信受した信心は、もともと如来の智慧・慈悲によって成就し、衆生の上に成立したものであるから、おのずと自利利他の二徳を具えているというのである。『信巻』では「本願力回向の信心」と言われているが(35)、その信心そのものに、衆生利益、利他教化の徳を具しているということである。

同様のことを親鸞は連続する『正像末和讃』三首に示して(36)、

　・浄土の大菩提心は　　願作仏心をすすめしむ

　　すなはち願作仏心を　度衆生心となづけたり

　・度衆生心といふことは　弥陀智願の回向なり

　　回向の信楽うるひとは　大般涅槃をさとるなり

　・如来の回向に帰入して　願作仏心をうるひとは

　　自力の回向をすてはてて　利益有情はきはもなし

と述べている。注目すべきは、この二番目の和讃の「度衆生心」には「ヨロヅノシユジヤウホトケニナサントナリ」と左訓を施して、その意味を定めていること、また三番目の和讃で「如来の回向に帰入して願作仏心をうるひと」、すなわち他力回向の信心をうる人こそが、果てのない「利益有情」を実践することになるということである。

親鸞は上のように、信心に具わる徳として利他の心を示し、衆生利益すなわち伝道の根拠を示しているといえるのであるが、それは信心の行者が現生において自在に利他教化の実践ができるというのではない。上の表現からも

わかるように、真実の信心には、大乗の菩薩と同じ大菩提心の構造、自利利他の徳が具わるということであって、その根拠はやはり「弥陀智願の回向」「如来の回向」というところにあり、「無量光明慧によりて生ずるがゆゑに」と如来の智慧と慈悲に基礎づけられていることが知られるのである。

　さて信心と伝道に関して、もう一つ触れておかねばならないのは、「金剛の真心を獲得すれば、横に五趣八難の道を超え、かならず現生に十種の益を獲(37)」として示される現生の十益である。この中、信心獲得の者に具体的な行動となって表れ、また真宗の伝道に直接的に関係する利益と考えられるのが、第八の「知恩報徳の益」と第九の「常行大悲の益」である。

　親鸞は『信巻』の真仏弟子釈において、この現生十益に照応する真仏弟子の徳を、諸文を引用しながら明らかにしている(38)が、この知恩報徳の益・常行大悲の益に対応する部分に引かれるのが、いまいう「自信教人信」の文なのである。すなわち、

> 仏世はなはだ値ひがたし。人、信慧あること難し。たまたま希有の法を聞くこと、これまたもつとも難しとす。みづから信じ、人を教へて信ぜしむること、難きがなかにうたたまた難し。大悲弘くあまねく化する、まことに仏恩を報ずるになる(39)

とある。この文は、善導の『往生礼讃』の文であり、親鸞は『教行信証』の中、この『信巻』と『化身土巻』の二ヶ所に引用している。注意されるのは善導の原文は「大悲伝普化」となっているのに、親鸞の引用は「大悲弘普化」と、「伝」の字ではなく「弘」の字を用いていることである。これは『化身土巻』の引用を見ると、「弘」の字に割註が付してあって、「智昇法師の『懺儀』の文なり」(40)とあり、親鸞がこの文を善導大師から直接ではなく、智昇の『集諸経礼懺儀』から引用したことが知られる。

　善導から直接引用すればよいものを、あえて智昇から引いたのはこの「弘」の字が欲しかったのであろうか。「伝」の字を「弘」に変えて何が発揮できるかは単純ではないかもしれないが、たとえば、『唯信鈔文意』(42)に、「弘誓」

26

の「弘」を釈して、

　　「弘」はひろしといふ、ひろまるといふ。「誓」はちかひといふなり。法
　　蔵比丘、超世無上のちかひをおこして、ひろくひろめたまふと申すなり。
といい、また同じ『唯信鈔文意』に、

　　おほよそ十方世界にあまねくひろまることは、法蔵菩薩の四十八大願の
　　なかに、第十七の願に、「十方無量の諸仏にわがなをほめられん、とな
　　へられん」と誓ひたまへる、一乗大智海の誓願成就したまへるによりて
　　なり。
等といわれるように、この「誓い」あるいは「名号」がひろまるのは、凡夫
衆生がひろめるのではなく、もとより第十七願の成就によってなされつつあ
るということを表現しようという意図をもって「伝」の字にかえて「弘」の
字を用いたと見ることができるようである。

　さてこの『信巻』の真仏弟子釈において、「知恩報徳」の内容はどう示さ
れているのか、また「報仏恩」とか「報徳」という場合の「報ずる」内容は
何かを確認しなければならない。その一つがいまの「自信教人信」であるが、
親鸞は別に善導の『般舟讃』を引いて、

　　今より仏果に至るまで、長劫に仏を讃めて慈恩を報ぜん。
とあるから、「仏を讃める」ことが「報ずる」ことであると示されているこ
とになる。同じ意味では、最初に引用した『讃阿弥陀仏偈和讃』にも、

　　仏慧功徳をほめしめて　　十方の有縁に聞かしめん
　　信心すでにえんひとは　　つねに仏恩報ずべし
ともある。また「仏を讃める」、「仏徳讃嘆」とは、要するに称名念仏である
から、最初に引用した『冠導讃』に、

　　弥陀の名号となへつつ　　信心まことにうるひとは
　　憶念の心つねにして　　　仏恩報ずるおもひあり
とされているごとくである。

　また一方の「常行大悲」の内容はどう示されるかというと、この真仏弟子

27

釈には『安楽集』所収の『大悲経』を引いて、

> いかんが名づけて大悲とする。もし人もつぱら念仏相続して断えざれば、
> その命終に随ひてさだめて安楽に生ぜん。もしよく展転してあひ勧めて
> 念仏を行ぜしむるは、これらをことごとく大悲を行ずる人と名づく。

として、「大悲を行ずる」とは、「勧めて念仏を行ぜしむる」ことであると示
されている。

　上のように見てゆくと、「知恩報徳」（恩を知り徳を報ずること）も「常行
大悲」（常に大悲を行ずること）も、そして「自信教人信」（自ら信じ人を教
えて信ぜしむること）も、その内容は称名念仏、ひいては名号につづまると
いうことになろう。

　『恵信尼消息』の傍線部Ⓒに「名号のほかにはなにごとの不足にて、かな
らず経をよまんとするや」というのは、この意味で解釈することができる(47)。

　ただし、ここに「勧めて念仏を行ぜしむる」のが「大悲を行ずる」内容で
あるというが、これを「わがはからいにて人に念仏を申させる」というの
であれば、『歎異抄』の「弟子一人もたず」といわれる姿勢とはなじまない。
大切なことはここに「知恩報徳」、「常行大悲」といい、「自信教人信」といっ
ても、それは「金剛の信心を獲得」した上に恵まれる利益であることである。
すなわちその根拠は、あくまでも如来の他力回向にあるのであって、やはり
根本的には如来を主格にして述べられているということに注意しなければな
らない。

6　真宗伝道の基本構造

　以上、親鸞の伝道について述べてきたが、各段の論述を関連させるために
も、ここにまとめておこう。

（1）まず親鸞の伝道は、大乗仏教の自利利他の基本構造の中にあるとはいっ
ても、その具体的な内容である「衆生利益」の完成は、やはり、往生即成仏

以降の還相回向において実現し完結すると考えられているといえる。それ故に往相の「証」としての「還相回向」が待たれているのである。

　このことは、『教行信証』『証巻』の大半が「還相回向釈」で占められていることや、『正像末和讃』[48]に、

　　　南無阿弥陀仏の回向の　　恩徳広大不思議にて

　　　往相回向の利益には　　　還相回向に回入せり

等とあることからも知られる。

（2）逆にいえば、還相の菩薩においてのみ可能なのが「自利利他」であって、そのモデルが『大経』序分の菩薩の行相であった。そしてそれ故に、往相においては「弟子一人ももたず」といわざるを得ないのであって、「弟子一人ももたず」とは親鸞の謙遜ではなく、浄土真宗の教義なのである。

（3）ただし「即得往生」「正定聚」を現生において語る親鸞にとって、往生即成仏の因は信の一念に満足・成立し、「広大難思の慶心」として表される功徳は信心に具わるが故に、「知恩報徳」、「常行大悲」の利益がそこに恵まれることになるのであった。それは『浄土和讃（諸経讃）』[49]に、

　　　如来すなはち涅槃なり　　涅槃を仏性となづけたり

　　　凡地にしてはさとられず　安養にいたりてさとるべし

とあるように、安養にいたりてさとる仏果（成仏）を意味するものではないが、仏の功徳を讃嘆し、仏恩を報ずるという高度な宗教生活が用意され、そこに伝道の可能性が恵まれているということを意味しているといえる。

　以上述べたように、親鸞においてとらえられた「衆生利益、利他教化」は、全てが如来（仏・菩薩）を主格にして理解されている。すなわちそれは凡夫衆生のはからいではなく如来の仕事であった。そして、その上に残された伝道の可能性が、「信心を得た人が、報仏恩のために、仏の功徳をほめ、念仏を申し、名号をとなえて、十方の有縁に聞かしめる（結果として有縁の者が聞くことになる）」ことであったといえようか。「自信教人信」とはいっても、報仏恩の実践は他力回向の信心の上に恵まれるものであるから、基礎は「教

人信」ではなく「自信」の方にある。しかしその「信」までもが如来の上に成就されたというのであるから、全ては如来に根拠づけられている。

　とすればわれわれ凡夫衆生にのこされている伝道の可能性は、やはりその如来をほれぼれと仰ぎ、その慈悲救済を讃めることだけである。「伝道は仏徳讃嘆に極まる」といい、伝道布教を「讃嘆」というのもこの意味であろう。

　そこに見えているのは、「自ら信ずる」人も、「教えて信ぜしめられる」人とともに、同じ空間において、同じ向きで、如来に向いている姿なのである。真宗の伝道とはこの「弟子なき道」であるが、そのままが如来の弟子となる相でもある。したがって全ては如来に根拠づけられているのであって、それは真実に根ざしているものであるともいえるのであろう。

（1）　『浄真全』2-830頁／『註釈版』784頁

（2）　『浄真全』2-831頁／『註釈版』805頁

（3）　『浄真全』2-360頁／『註釈版』565頁（『浄土和讃』・讃阿弥陀仏偈和讃の結び）

（4）　『浄真全』2-330頁／『註釈版』555頁（冠頭讃）

（5）　『浄真全』2-483頁／『註釈版』605頁（『正像末和讃』）

（6）　『浄真全』2-254頁／『註釈版』472頁（『教行信証』後序）

（7）　『浄真全』2-1035頁／『註釈版』815頁

（8）　宮崎円遵「『教行信証』に現れた元仁元年の年紀について」（『宮崎円遵著作集』第1巻所収）、稲葉秀賢「三願転入の実践的意義」（『大谷学報』37-1所収）参照

（9）　『浄真全』2－254頁／『註釈版』472頁

（10）　『浄真全』2-1031頁／『註釈版』811頁

（11）　『浄真全』4-11、『宮崎円遵著作集』第一巻「親鸞聖人伝素描」17頁、平松令三『親鸞』69頁参照。以下この項はこれらの研究によるところが多い。

（12）　『宮崎円遵著作集』前掲論文19頁参照

（13）　中沢見明『史上の親鸞』、同『真宗源流史論』、服部之総『親鸞ノート』、辻善之助『日本仏教史』中世編の一等。

（14）　『浄真全』2-1101頁／『註釈版』1356頁

(15)　『宮崎円遵著作集』第 1 巻所収「親鸞聖人関東教化の一齣」96〜99頁

(16)　『浄真全』4-79頁／『註釈版』1045頁

(17)　『浄真全』4-65頁／『註釈版』1067頁

(18)　『浄真全』4-220〜221頁

(19)　『浄真全』4-431頁

(20)　『浄真全』2-1035〜1037頁／『註釈版』815〜817頁（筆者が記号・傍線等を付した）

(21)　『宮崎円遵著作集』第 1 巻所収「恵信尼文書」362頁参照

(22)　『浄真全』2-345頁／『註釈版』560頁

(23)　『浄真全』2-422頁／『註釈版』584頁

(24)　『浄真全』2-689頁／『註釈版』702頁

(25)　『浄真全』2-694頁／『註釈版』705頁

(26)　『浄真全』2-1056頁／『註釈版』834頁

(27)　『浄真全』2-343頁／『註釈版』559頁

(28)　『浄真全』1-16頁／『註釈版』4頁

(29)　『浄真全』2-778頁／『註釈版』736頁

(30)　『浄真全』1-32／『註釈版』27頁

(31)　『浄真全』2-519頁／『註釈版』617頁

(32)　『浄真全』2-1057頁／『註釈版』835頁

(33)　『浄真全』2-79〜96頁／『註釈版』229〜253頁の『信巻』三一問答に説かれる信心の釈述を参照

(34)　『浄真全』2-95頁／『註釈版』252頁

(35)　『浄真全』2-94頁／『註釈版』251頁

(36)　『浄真全』2-478〜479頁／『註釈版』603〜604頁

(37)　『浄真全』2-94〜95頁／『註釈版』251頁

(38)　『浄真全』2-98〜103頁／『註釈版』256〜264頁

(39)　『浄真全』2-101頁／『註釈版』260〜261頁

(40)　『浄真全』2-209頁／『註釈版』411頁

(41)　『浄真全』2-693頁／『註釈版』704頁

(42)　『浄真全』2-691頁／『註釈版』703頁

(43)　『浄真全』2-101頁／『註釈版』260頁

(44)　『浄真全』2-360頁／『註釈版』565頁

(45) 『浄真全』2-330頁／『註釈版』555頁

(46) 『浄真全』2-101頁／『註釈版』260頁

(47) 覚如は『口伝鈔』第十一条に、「助業をなほかたはらにしまします事」と題して、
親鸞の三部経千部読誦をとりあげている（『浄真全』4-265頁／『註釈版』892頁）が、
ここの意味からすれば主張の方向が違うようである。

(48) 『浄真全』2-494頁／『註釈版』609頁

(49) 『浄真全』2-385頁／『註釈版』573頁

第3章　仏教・真宗における伝道および伝道学の展開

1　中国仏教における伝道（唱導）の展開

　「声」となって始まった伝道（説法・説教）は、仏教がインドから中国に伝播して、主として「唱導」と呼ばれるようになり、その伝道法が語られるようになる[1]。

　中国において唱導、説法について記述するものの代表は、6世紀後半に成立した梁の慧皎（497〜554）の『高僧伝』巻13に記される唱導論である。そこでは「唱導」の一科を設けて、道照（368〜433）や曇穎（生没年不詳）、法鏡（437〜500）をはじめとする宋・斉の「唱導家」10人をあげ、その伝記を記した後に唱導論を展開している[2]。すなわち、

　　論じて曰く、唱導とは蓋し以て法理を宣唱し、衆心を開導するなり。昔、
　　仏法初めて伝わるや、時に斉しく集まりて、ただ仏名を宣唱し、文に依
　　りて礼を致すのみ。中宵に至り疲極まるに、事を啓悟に資せんと、乃ち
　　別に宿徳を請い、座に昇りて説法せしむ。或は因縁を雑序し、或は譬
　　喩を傍引せり。其の後、盧山の釈慧遠は、道業貞華にして風才秀発なり。
　　斎集に至る毎に、輒ち自ら高座に昇り、躬ら導首と為る。先ず三世の因
　　果を明かして、却りて一斎の大意を弁ぜり。後代伝受して遂に永則と成
　　る。故に道照・曇穎等の十有余人、並ぶに駢次して相師として、各々名
　　を当世に擅にせり。

と記して、まず「唱導」とは「法理を宣唱し、衆心を開導する」ことであると定義する。すなわち「仏法の道理を口にのべて、人々の心を開き仏道に導

く」というのであって、ここに「唱導」とは、説法・演説・説教等と同義であることが知られる。

　さらに『高僧伝』はその歴史について、仏教が中国に伝来してきた当時は、ただ仏名を唱えたり、経文を読誦することからはじまったが、聴衆が途中で疲れきってしまうので、次第に高座に昇って因縁や譬喩をまじえて話すようになり、説教の形をとるようになったことが述べられる。

　その後、かの白蓮社を結んで知られている廬山（江西省北部）の慧遠（334～416）が出て、斎会のたびに自ら高座に昇り、三世の因果を明かし、その斎会の大意を弁じたことを述べ、慧遠につづいて唱導家が輩出されたことを記しているのである。

　この『高僧伝』が興味深いのは、この唱導の貴ぶ所として、一に声（音声・抑揚）、二に弁（弁舌・語り口）、三に才（機知・センス）、四に博（知識・教養）の四つの要素を要点として示していることであるが、ここでも第一に「声」をあげていることが注意される。

　その後、7世紀中頃に成立した道宣（596～667）の『続高僧伝』（唐高僧伝）巻三〇(3)にも正伝に12人、付見として8人の唱道家をあげているが、ここでは「唱導者」とは言わず「声徳」と表現して、やはり「音声」を尊んでいるところが興味深い。また、この道宣の『続高僧伝』に続けて10世紀の終わりに賛寧（919～1002）が撰集した『宋高僧伝』巻二九(4)には、さらに唱導家の数は増えて、正伝19人、付6人をやはり「声徳」として掲げていて、当時の唱導の隆盛をうかがうことができる。

　この『宋高僧伝』の終わりには何故「唱導家」とは言わず「声徳」というのかという問答を設け、この世界では音声が最も尊ばれるという旨を記しているところは注意しておくべきところであろう。

　いずれにしてもこれらの「高僧伝」は、中国における唱導（口演、説教）の事情をそれなりに詳しく伝えており、いわゆる伝道法の研究資料としても、また中国仏教における伝道布教の状況を知るためにも基礎的な資料となって

いることを確認しておこう。

2　日本仏教における伝道（唱導・説教）の展開

　中国仏教において主には「唱導」として展開した伝道であるが、この「唱導」という語は日本に仏教が伝来してからも用いられた。唱導には定型化した文章が用意されて儀式的に行われるもの、すなわち「講式」等に組み入れられる表白体のものと、説教者が独自の脚色を加えて口演する演説体のものとの二種類が展開することになる。

　鎌倉時代に成立した虎関師錬（1278〜1346）の『元亨釈書』巻二九⁽⁵⁾にはこの唱導に関して「音芸誌」という一科を設けて、前述した中国における唱導の展開を記している。

　日本における説経・説教・伝道の起源は聖徳太子に求めることができるようで、それはまずは聖徳太子の三経の講経儀式を模範とし、その後に展開していったものと見られている。⁽⁷⁾文献の上で「説経」として現れるのは、『上宮聖徳法王帝説』に見える598年（推古天皇 6 年・太子25歳）の「勝鬘経講」が最初のようで、それ以前にはさかのぼれないようである。ただし『日本書紀』にはその太子の「勝鬘経講」は606年（推古天皇14年・太子33歳） 7 月となっていて異同がある。

　太子の 3 日間にわたる『勝鬘経』の説教が見事であったことは『法隆寺伽藍縁起并流記資財帳』等に多数の伝説が残っているようであるが、⁽⁸⁾いずれにしても唱導・説教・伝道の淵源が聖徳太子にあると見られることに注意しておこう。

　その後、奈良時代後期〜平安時代初期にかけての説教・唱導の様子は、『日本国現報善悪霊異記』『日本感霊録』『東大寺諷誦文』『続日本紀』等によって知られるが、さらに平安時代中期〜末期には「法華八講」等の説教が盛んに行われ、説教師（説経師）がもてはやされた模様が、『枕草子』『源氏物語』

をはじめ『今昔物語集』『栄花物語』『中右紀』等によって知られ、『二中歴』第十三「名人」の条には15人の説教（説経）の名人があげられている。

またこれらとは別に、一般民衆を相手にして高座や街頭で説教・布教伝道した人物として行基（668〜749）と道昭（629〜700）がある。前掲の『元亨釈書』には「壇興」の第一人者として行基をあげ、彼の辻説法の巧みさをほめたたえている。また説教そのものの内容を示す唯一の資料が『法華百座聞書抄』（1110年頃成立）とされ、その内容には庶民的色彩も見られて、中世への展開を予想させるものがある。さらに真宗の関係では、源信（942〜1017）の『往生要集』が後世の説教に大きな影響を与えたことも記しておかねばならない。

時代が中世に入ると唱導・説教そのものがいよいよ庶民層に広がり、その方法は大きく変貌することになるが、その技術上の直接の担い手は、平安時代末期〜鎌倉時代期にかけての説教の巨匠と称される澄憲（1126〜1203）と、その子息である聖覚（1167〜1235）である。澄憲の出現は説教の歴史の上で画期的なことであるとされ、それは同時に日本の話術・話芸にも大きな足跡を遺すことになる。この父子の唱導・説教の流れを「安居院流」と呼ぶ。[9]『元亨釈書』は、この澄憲をわが国の唱導の鼻祖であるとしているが、この流派の説教は語りに抑揚を付ける芸能的なもので、後に浄土宗から真宗に入って、いわゆる「節談説教」として中世〜近世を経て明治・大正・昭和の時代に至るまで行われてきた。[10]

この安居院流に対して、寛元年間（1243〜1247）に三井寺の定円が創始した三井寺派も一流をなした。『元亨釈書』では、澄憲と定円とを「唱演の二家」と呼んで、唱導・説教の二大家とする。この二流は後代にも師資相承されたが、三井寺派は近世に入って変容し、表面的には安居院流に吸収された格好になった。しかしながら近世に及んで説教浄瑠璃（説教節）の発展にも寄与したという。

時代が下がると唱導・説教は次第に芸能性が色濃くなり、唱導家（説教者）

は純説教師、物語僧、遊行者に分かれ、やがて琵琶法師、絵解き法師、熊野比丘尼等に変容する一面をも生じた。また説教の資料本（種本）として無住一円（1226〜1312）の『沙石集』、『雑談集』は近世・近現代にいたるまで用いられた。

　近世の唱導家・説教家として名が知られるのは、浄土宗鎮西派の良定袋中（1552〜1639）、西山派の安楽庵策伝（1554〜1642）、禅宗では鈴木正三（1579〜1655）、真宗には浅井了意（生年未詳〜1691）等、各宗各派に本格的な説教者が出現して唱導・説教は興隆した。安楽庵策伝は説教の話材集として『醒睡笑』八巻を著して、後世に落語・噺家の元祖といわれることになった。真宗では本願寺派の菅原智洞（1728〜1779）と大谷派の粟津義圭（諦住、1732〜1799）等の巨匠が出現して唱導・説教はいよいよ盛んになっていったのである。

3　説教・唱導の技術・構成法の展開

　音声による伝道として始まった説法であるが、その展開とともに、その伝道法についても研究され工夫されることになる。釈尊の説法については、そのすぐれた教化のはたらきを、口業（音声）による説法に限らず、身・口・意の三業によって分類し、これを煩悩を砕き破る転輪聖王の輪宝にたとえて「三輪説法」あるいは「三輪開悟」として語られる。すなわち衆生の心中を知り、これに応じて教化をする「意業記心輪」と、神変（神通）を現じて衆生の心を動かし仏道に入らしめるという「身業神通輪」、および教法を説いて衆生を教導する「口業説法輪」の三をいう。

　『教行信証』『教巻』の終わりには、憬興『述文讃』の五徳瑞現の文を引く中に「住奇特法」の割註を示して、[11]

　　今日世尊住奇特法といふは、神通輪に依りて現じたまふところの相なり。ただ常に異なるのみにあらず。また等しきものなきがゆゑに。

と「神通輪」が示されるが、この憬興の文について存覚『六要鈔[12]』には、

　　奇特の法を釈するに、神通輪とは、三業の中にこれ身業の名なり。即ち
　　口業を以て説法輪と名け、また意業を以て記心輪と名く。これ法相宗の
　　名目ならくのみ。

と三輪を示し、これが法相宗の名目であるとしている。この三輪の中の「口
業説法輪」については、仏が四弁（四種の自在なる弁舌）と八音（八種の韻
律的表現）という説教の技術をもって教法を説いたことが伝えられている。

　「四弁」とはまた「四無碍弁」ともいい、一に教法において滞ることなく
説く「法無碍弁」、二に教法の義理を知って滞ることなく説く「義無碍弁」、
三にあらゆる方面の言葉に通達して自在に説く「辞無碍弁」、四に衆生のた
めに安らかにやさしく説くことが自在なる「楽説無碍弁」の四をいう。また
「八音」とは、仏の音声に具わる八種の徳をいうもので、「八種清浄音」、「八
種梵音声」ともいわれる。八音のそれぞれの名称は経典によって異なるが、
極好音（厭うことのない清らかで優雅な音声）、柔軟音（心を喜悦させる柔
らかく優しい音声）、和適音（心を和らげ理を会得させる音声）、尊慧音（尊
長の心を生じ智慧を開かせる音声）、不女音（聞くものを畏敬せしむる音声）、
不誤音（誤ることなく正見を得させる音声）、深遠音（十方にとどき奥深く
はかり知れない音声）、不渇音（音節が明瞭に聞き分けられる音声）といわ
れるものである[13]。

　また釈尊一代の説教を形式・内容の上から12種に分類し『十二部経（十二
分経）』として示すものの中に、伽陀（偈頌・諷誦）、尼陀那（因縁）、阿波
陀那（譬喩）という分類があることも、後世の説教の形式に影響を与えたも
のとして注意される。

　ところで説法・説教の構成法に関して考察しておくべきことの一つに、仏
教論理学における文章構成の内容・形式の問題があると思われる[14]。インドに
おいて、論理学は相手を説得するための弁論法として、宗教や哲学に共通す
る学問の分野で、仏教以前から行われていたものであるが、瑜伽行派の陳

那（ディグナーガ）によって整理され仏教の論理学として確立したとされる。陳那は正しい認識・知識を得るための論証法として推論の意義を強調し、因（理由）の考察に重点を置くべきであると主張した。仏教の論理学を「因明」というのは、この「因」を明らかにする学問こそがその論理学の中心であることによるのであり、一般にこの陳那以前の論理学を「古因明」、陳那以降を「新因明」と呼んでいる。

　インドの論理学はもともと対象に関する知識・情報を得る前提となる「量」（認識・論証）が重視され、この量について主として、現量（直覚的認識）、比量（推論的認識）、聖教量（聖者のことばによる認識）という三量説が説かれていたが、陳那に至って、これらは「現量」と「比量」の二量説にまとめられる。仏教の論理学ではこの比量（推論）のはたらきを重視し、それが加わることによって具体的な知識・認識が成立すると考えられていたのである。この比量について、自身の認識のための「自比量」と、他人に説き認識せしめるための「他比量」とが説かれるようになり、その「他比量」の場合において、一般に命題化された論証形式（推論式）が用いられ、古くはその論証の構成要素として、一に宗（主張）、二に因（理由）、三に喩（実例）、四に合（適用）、五に結（結論）という五段をあげていて、これを「五支作法」と呼んだ。陳那はこの「宗」と「結」、および「因」と「合」は同じ内容を示すことになると見て、この論証式に必要不可欠な構成要素は宗・因・喩の三段で足りるとし、仏教において陳那以降の新因明では、三段の論証式である三支作法が採用されるようになったというのである。

　この仏教の論理学（因明）の構成要素は、後世の説法・説教の構成法についても、その伝道・説法の基礎的な部分に大きく影響しているであろうことが充分に推測できるのである。

　そうして仏教は中国に伝わるとともに、前述したような説法・唱導法として展開したが、そこで仏教、ことに真宗の伝道・説教の構成法について、その基本的な要素を『法華経』の「三周説法」に求めることができることが指

摘される。その「三周」とは三度めぐって法を説くという意味であるが、仏が『法華経』の迹門（仏が本地・本門をまだ説かない間、すなわち『法華経』の前十四品）を説くについて、仏弟子らの素質・能力の上・中・下に応じて３回にわたって反復説法し、ことごとく領解させて成仏を授記したことをいうものである。その「三周の説法」とは、

（１）法説周…仏が上根の人のために、直ちに諸法実相である十如の理を説いて、三乗一乗の法門を説いて一乗に入らしめた一段をいい、「方便品」に示されるところである。この時、領解し授記されたのは舎利弗ただ一人であったという。

（２）譬喩周…仏はさらに中根の人のために、羊鹿牛の三車と大白牛車一車の譬喩、すなわち火宅三車の譬喩を説いた。これは「譬喩品」に示されるところであるが、しかしこれを領解したのは、中根の迦葉ら四人の弟子にすぎなかった。

（３）因縁周…そこで仏はさらに下根の人のために、三千塵点劫の昔の大通智勝仏の因縁を説いてねんごろにさとされた。これは「化城喩品」に説くところであるが、この時はじめて富楼那等の千二百人の下根の者が領解し授記された。

という３回の説法をいう。この「三周」とはそれぞれが別の説法というのではなく、「法説」で領解できない者には「譬喩」を示し、譬喩で領解がかなわない者にはさらに「因縁」を説くというように三重の構造になっているというものである。

　この三周の構成を応用して、前に「讃題」の段を置き、後ろに結勧（結弁）の段を置いて結べば伝統的な説教の五段の構成法ができあがるのである。

　この構成は江戸時代に、ことに真宗において創造され、説教の組立て・構成の固定した型（形式）として伝承されてきたようである。またこの型は澄憲・聖覚を祖とする安居院流の系統をうけるもので、おそらく近世初期にはこの基礎的な型はできあがっていて、また日本人の話し方（雄弁術）の奥義

としても貴重な遺産であるとも言われている[17]が、このようにして説法・唱導の方法が工夫・研究されてきたところに、伝道研究、伝道学の展開をみることができる。

4　真宗における伝道研究の展開

　伝道学の内容を説教・唱導の研究だけでなく、伝道布教の手段や教化方法の指導等を考察したものを含めるなら、親鸞の『消息』や覚如の『口伝鈔』『改邪鈔』『親鸞伝絵』等もその研究対象になるし、蓮如の『御文章（御文）』や『御一代記聞書』に示される記述も、伝道学の対象となる。これらはいわゆる文書伝道であり視聴覚伝道でもあるが[18]、いわゆる「伝道学」が本格的に行われるようになるのは、やはり宗学が興隆してしばらく後のこととなる。特に本願寺派（西本願寺教団）では寛永16（1639）年に学林が設立されて教学伝道の進展をみるが、同時に当時の伝道の状況を反映してか、布教伝道に規制が設けられたり[19]、教学上の大事件である三業惑乱等を経験して整えられていった[20]。

　しかし明治時代になって日本近代化の動きとともにおこった廃仏毀釈の波に揺りうごかされた真宗教団は大きな危機にさらされることとなり、自由な伝道も伝道研究も、しばらくは妨げられざるを得なかった。その苦難の時代をこえて後、伝道はようやく一般社会や社会組織へも展開され、あるいは刑務所教誨、また日清・日露戦争の時代には軍隊布教へと諸方面に展開されている。

　その後、西本願寺教団では宗主・大谷光瑞の時代に、学林から伸展した仏教大学（現・龍谷大学）に、（1）学者の養成、（2）布教者の養成、（3）執務者の養成という三科制度が実施されたり、明治41（1908）年4月には「布教教範」が制定されるなど、次第に伝道および伝道学の充実が図られていった。

　本願寺派の布教制度の整備や強化は、明治19（1886）年の護持会財団や明

治33〜34（1900〜01）年の大日本仏教慈善会財団の設立によるものであると
も考えられているが[21]、大正時代から昭和時代初期にかけては特に大きな変動
は無いようである。ただし教団は明治時代の開国以来、輸入された諸思想に
対応する必要にせまられる状況になっており、その機運に乗じて昭和2（1927）
年10月1日に開設されたのが西本願寺の「布教研究所」である。伝道（説法・
説教）方法の考察や指導は、蓮如以降の教団が大きく成長する時代から江戸
期まで行われてはいたが、多くは伝道者（説教者・布教使）の能力にゆだね
られていたのが実情であって、本願寺派における伝道研究は、この「布教研
究所」の設立によって初めて本格的になったといえる。

　そうして出発した伝道研究であったが、その布教研究所は太平洋戦争によっ
て機能停止を余儀なくされ、敗戦後に再出発することになった。戦後の昭和
27（1952）年からは研究員を置いて課題を分担研究しているが、その布教研
究所には、布教・教化活動に関する調査・研究を行う「研究部」と、布教使
の研修・育成を行う「実修部」が設けられた[22]。

　また布教研究所の成果は『布教叢書』27冊、『人生と仏教シリーズ』20冊、
『布教事典』等として出版された。これらは親鸞聖人七〇〇回大遠忌を記念
し、それを契機として行われたものであるが、その成果の一つとして昭和36
（1961）年2月に『布教法入門』（百華苑・刊）が発行されたのである。この
書は今としては真宗（特に本願寺派）における戦後の本格的な伝道学研究の
最初期のものとして位置づけることができる。その内容は、

　　一　仏教伝道史　………武邑尚邦
　　二　真宗伝道史　………二葉憲香
　　三　真宗の布教の展開…石田充之
　　四　布教上の心得　……武田達誓
　　五　布教実習　…………山本仏骨

という五氏の稿に、〈附録〉として、大正4（1915）年に大阪市泉尾町に本
願寺派浪速説教所を設立し、東保流の「獲麟寮」と並び称された「獅子吼寮」

の寮長であった遠藤了義氏の「布教法講義」を付してある。現代としては表現や内容に古い時代のものと感じるところも含まれているが、この書の出版は伝道研究史・伝道学史の上からも意義深く、特筆されるべきものと思われる。

　この布教研究所の実修部の活動は、その後本願寺派の「布教講会」として続けられており、また研究部はその後「伝道院」から「教学研究所」、「伝道研究センター」、「総合研究所」と呼び名を変えながらも現在の伝道研究の活動につながっているのである。

　昭和時代初期から戦後、現代にいたる説教・布教に関する研究は真宗に限らず、諸宗派においても展開されているが、真宗における伝道が体系的・学問的に研究され成果をあげるようになったのは近年のことであるといえる。

　現在は龍谷大学に大学院実践真宗学研究科が設置されたり、本願寺派の浄土真宗総合研究所において伝道実践分野の各論においても本格的・具体的に研究が進み、その成果もあがって、より実践的な立場からの伝道学研究が進展してきている。

（1）　この項は武邑尚邦「仏教伝道史」（布教研究所編『布教法入門』1961年所収）、関山和夫『説教の歴史的研究』（法蔵館・1973年）によるところが多い。また深川宣暢「仏教における口演伝道の展開―日本仏教を中心に―」（『龍谷大学仏教文化研究所紀要』41所収・2001年）および深川宣暢「真宗伝道における説教の研究―説教の構成について―」（『真宗学』113所収・2006年）参照

（2）　『大正蔵』巻50・417頁下（以下『大正蔵』は原漢文）

（3）　『大正蔵』巻50・700頁下

（4）　『大正蔵』巻50・894頁下

（5）　「元亨二年（1322）八月十六日奏上」の奥書がある。

（6）　『大日本仏教全書』巻101所収

（7）　関山和夫『上掲書』11頁以下参照。以下この項はこの研究によるところが多い。

（8）　関山和夫『上掲書』13頁

（9）　澄憲については『玉葉』『明月記』等に記録があり説教資料ものこっている。井上

光貞『日本浄土教成立史の研究』を参照。

(10) 真宗の節談説教には型式の創造と伝承があって、基礎的には『法華経』の「三周説法」（法説・譬喩・因縁）を応用した五段法（讃題・法説・譬喩・因縁・結勧）が伝えられた。説教者はこの型式を会得するために弟子入りして師に随行しつつ修得したり説教道場で技術を磨いたが、道場としては播州東保の福専寺・獲麟寮がよく知られていて、この福専寺の流れを「東保流」と呼んだ。明治・大正期の節談説教でも東保流の他に、遠藤流、椿原流、渥美流、調流等があって、それぞれの型式が伝承された。能登節、加賀節、筑前節、安芸節、越後節、尾張節三河節等という旧来の節談も評判となり、次第に衰退したものもあるが、近年あらためて節談説教が見直され新たに展開しつつある。

(11) 『浄真全』2-12頁／『註釈版』138頁

(12) 『浄真全』4-1024頁

(13) 龍谷大学編『仏教大辞彙』、宇井伯寿『仏教辞典』、多屋頼俊編『仏教学辞典』等、辞典各項目の解説を参照

(14) 以下は深川宣暢「真宗伝道における譬喩の意義」（『龍谷大学論集』466号所収・2005年）を参照

(15) 山本仏骨「布教実習」（本願寺派布教研究所編『布教法入門』1961年）所収、遠藤了義「布教法講義」（同上『布教法入門』273頁）、関山和夫『上掲書』（1973年・385頁以下）　参照

(16) 龍谷大学編『仏教大辞彙』巻3「三周説法」の項（1593～1594頁）　参照

(17) 関山和夫『説教の歴史的研究』385頁、同『説教の歴史—仏教と話芸—』134頁（白水Uブックス・1992年復刊）参照

(18) 例えば「消息」や『御文章』は、同門の人々に読み聞かせた文書伝道といえるし、『親鸞聖人伝絵』や各種の『絵詞』（『浄真全』4等に収まる）等は、それを用いて「絵解き」がなされた視聴覚伝道のための制作であるといえる。この「絵解き」は古来さまざまな種類があり、経典や説話によるものとしては『当麻曼陀羅』『法華経曼陀羅』『往生要集・地獄絵図』『六道図絵』『十王経絵図』等があげられるし、『釈迦八相図』や『涅槃図』をもって絵解きをし、釈尊の伝記を説くもの、『聖徳太子絵伝』『法然上人絵伝』『親鸞聖人絵伝』『一遍上人絵伝』『蓮如上人絵伝』等祖師・高僧の伝記を説くもの等も多く伝わっている。その他にも寺社縁起を説くもの、一般の伝記・物語風のものも伝わっていて、これらは視聴覚伝道の教材として位置づけられるものでもあろう。

(19) 本願寺第一四代寂如の「法制三条」（1676年5月告諭）等。

(20) この項は武邑尚邦『上掲書』44頁以下を参照

(21) 武邑尚邦『上掲書』65頁

(22) 前掲・布教研究所編『布教法入門』後記に記述されている。

(23)　西山派・野々山龍全『布教法の研究』(1933年)、真宗・大河内秀雄『教導法』(1933年)、浄土宗・中野隆元『説教講演の仕方』(1951年)等があげられる。前掲の浄土宗・関山和夫『説教の歴史的研究』(1973年)はその代表的なものである。

(24)　　主なものをあげておくと、池田勇諦「教化学とは何か」(『真宗研究』21・1976年)、村上泰順「親鸞における伝道の構造」(『真宗研究会紀要』8・1976年)、広瀬龍城「親鸞における伝道の本質」(『伝道院紀要』25・26合・1981年)、大西憲明・山崎昭見『現代教化法』(百華苑・1982年)、上山大峻「真宗伝道論」(『教学研究所紀要』7・1998年)、深川宣暢「親鸞における伝道の基礎的考察」(『真宗学』99・100合・1999年)、同「真宗伝道学方法論の考察」―真宗教義と伝道学の方法―」(『真宗学』119・120合・2009年)、長岡岳澄「真宗学における伝道学の位置づけ」(『宗教研究』77-4・2004年)等。その他にも葛野洋明「実践真宗学における研究方法の研究」(『真宗学』129・130合・2014年)等近年に展開した「実践真宗学」という分野における研究が進展している。また龍谷大学仏教文化研究所では常設研究部門として1999年度から研究が進められ、その成果が矢田了章編『真宗伝道の課題と展望』(永田文昌堂・2008年)として出版されている。

第4章　真宗伝道学の方法 −真宗教義と伝道学の方法−

1　真宗伝道学の意義

　そもそも仏教における伝道とは、われわれに近い歴史においては、釈尊の初転法輪をはじめとするが、それも菩提樹下の成道後、しばらくの沈黙を経てのものであった。その沈黙は、個的な宗教経験を普遍的な経験とし、他と共有するための表現の困難さを示したものであるとも考えられる。しかし真実の宗教的経験は、それが他に向かって表現されないのであれば、他にとっては存在しないこととなり、あるいは単なる独善に陥ってしまうこととなる。大乗仏教の興起は、それを防ぐための活動が顕現したものであると見ることができるし、そこで大乗菩薩道が説かれ、また大乗菩薩の必須の実践徳目である六波羅蜜が、布施すなわち利他の実践から語られているのは、それを物語るものでもあったのではなかろうか。

　真宗学は、伝統的には教義学を中心に行われてきた。その領域を外れると「それは真宗学ではない」と、その枠組を頑なに守ろうとする宗学者もあったし、それはそれで学としての矜持を保っているようで潔くもあった。しかし近代以降、仏教学・宗教学・哲学をはじめとする隣接し関連する他分野の方法が有効に援用されるようになり、また新たな歴史学的方法が多く用いられるようになって、真宗学もその旧来の枠組を保持することの意義は薄くなり、学として現実の歴史・社会の要請に応ずることも求められるようになって、教義学中心の真宗学に一定の限界があるように見えてきたのである。

　「教義」とは真如（宗教的・仏教的・真宗的真理）が言語化したもの、す

47

なわち真如が言葉となり論理となったものと定義できると思うが、そもそも真如はあらゆる歴史・社会において普遍的に妥当すべきものであるから、教義学は個々の具体的事実や事象を抽象化するという作業を通して普遍性を獲得し、成立してゆくという帰納的ベクトルをもっている。

　しかし同時に「教義」には、その帰納された原理を、具体的な歴史社会の個々の特殊な事象に妥当せしめ、その意味を具体化・具象化するという作業を通してその意義を発揮するという演繹的ベクトルが求められるようになる。そこで教義の解釈、すなわち「教学」（今は「教義の解釈」という意味で定義しておく）が求められるようになるのである。

　真宗学はこの「教義」の帰納的ベクトルと「教学」の演繹的ベクトルとの関係の中での宗教的実践の繰り返しと捉えることができるが、総体的にみれば、それはいまだ基本的には理論的真宗学であって、その学は「十方衆生」の救済を、「親鸞一人がため」の救済へと展開させるような、救済の具現化のための学という実践的真宗学のレベルまでには踏み込んでいないといえる。

　親鸞には自らの伝道に関して、反省的に実践した経験がある。それは妻・恵信尼の手紙（『恵信尼消息』）によって知られるところであるが、そこには、[(1)]

　　　…よくよく案じてみれば、この十七八年がそのかみ、げにげにしく三部
　　　経を千部よみて、すざう利益のためにとて、よみはじめてありしを、こ
　　　れはなにごとぞ、〈自信教人信　難中転更難〉（礼讃676）とて、みづか
　　　ら信じ、人を教へて信ぜしむること、まことの仏恩を報ひたてまつるも
　　　のと信じながら、名号のほかにはなにごとの不足にて、かならず経をよ
　　　まんとするやと思ひかへしてよまざりしことの、さればなほもすこし残
　　　るところのありけるや、…

と述べられている。これは「寛喜の内省」と呼ばれている出来事で、親鸞59歳の寛喜３年に、風邪の熱で苦しんだ時、建保２年42歳に、衆生利益のために三部経の千回読誦を思い立って中止したことが夢のように現れて、59歳のこの時にあらためて反省したことが述べられたものである。

　このことは救済の具体化を実践しようとした親鸞において、その基礎が「自信教人信…」にあり、「名号のほかには何の不足」があって経典読誦を思い立ったのであるかという反省があったという事実が示されているものである。すなわち、親鸞においてさえ反省的に経験された衆生利益＝自信教人信＝伝道の実践の課題がそこに存在するということでもあろう。ここに真宗における伝道としての救済の具体化を研究すべき必要性が見出せるのであり、より実践的な真宗学が求められる要因があると考えられる。

2　伝統的真宗学とキリスト教神学の方法

　さて伝統的な真宗学の方法（主として西本願寺系統）の大体を見てみると、以下の三つの方法で行われていたと見ることができる。すなわち、

（1）宗義研究…まず総論として真宗教義の体系を、宗義要論や真宗概論等と題されるテキストによって学び、また同時に仏教概論や宗教概論を学ぶことによって、教義の概要を理解し研究すること。

　　　また各論として、行信論、如来論、衆生論、利益論…助正論、生活論等について研究すること。

（2）聖教研究…浄土三部経、七祖聖教、宗祖聖教、歴代の聖教等、直接に聖教・文献を対象として研究すること。

（3）論題研究…安心論題、教義論題等、教義上の問題をテーマ別に研究・議論すること。

という三部門で理解することができる。この三部門の総体が、広い意味で言うところの「真宗教義学」に当たり、あるいは理論的真宗学、組織的真宗学ともいえると思う。

　そしてこれに、近代に入って新たに成立した、

（4）歴史的研究…浄土教理史、真宗教学史等、新たな歴史学、思想史学的方法により研究すること。

を加えて、現在に至る基本的な真宗学の方法が成立しているといえよう。

　さらに具体的には、例えば旧来からいうところの「宗義研究」の方法として、宗教哲学的方法や、比較宗教学的方法をもって行われる研究等も存在するわけで、実際には隣接する諸分野の方法が援用されて、その研究法はさらに多様化しているのが現在の真宗学であるが、大まかには真宗学の大体を以上の方法で把握できると思われる。

　ところが、キリスト教神学はこれとは別に実践神学という分野を有している。もちろんキリスト教神学とはいっても、その分類の仕方は多様にあり得るのであるが(2)、大まかにいえば、まず（１）神の啓示を基礎に置く「啓示神学」と、（２）人間の理性を基礎に置く「自然神学」という分類ができるようである。そしてその上で神学は、

（１）聖書神学…旧約聖書、新約聖書の研究

（２）組織神学…教義学、倫理学の研究

（３）歴史神学…聖書史、教会史等の研究

（４）実践神学…伝道学（宣教学）、倫理・典礼、教会法等の研究

というような分類において把握される。すなわちこの（４）実践神学、ことにその中心となる「伝道学」に当たる確固たる分野が無かったのが、真宗学の方法であった。

　それは伝道（具体的にはいわゆる説法・説教が中心の伝道）が、現在に至るまで、説教者の個人的能力に頼るところの口伝による師資相承を基本として行われてきて、研究の対象となる文献や資料が一般に広くは公開されていなかったという状況によるものであろうが、それだけに「伝道」が、より大きく、より向上的に展開する可能性が塞がれていたのではないかとも考えられる。

　もちろん伝道に関する研究や教育が皆無であったというのではなく、ことに近年には増えつつある状況ではあるが、真宗学の方法の上において、必ずしも明確に位置づけられていないことが、その研究分野が進展しないことの

一つの要因であると考えられる。

　これに対して、キリスト教会はその歴史の最初から、伝道に教義的基礎を有し、熱心に行ってきたのであって、教会の歴史は伝道の歴史であるといっても過言ではない。キリスト教において伝道は、それほど活動の本質に結びついていたのであって、ここに歴史的・宗教的な差異を認めなければならないようである。そしてそれが、伝道の神学的な位置づけによるものであることを、われわれは知らなければならない。

　カール・バルトは『説教の本質と実際』という講義ノートの中で、

　　「説教準備の演習」という表題の神学的性格一般が打ち出されるのは、
　　神学がその諸部門全体において教会の学であり、広義において、説教の
　　準備以外の何ものでもないということを是認することからである。

と述べているが⁽³⁾、キリスト教神学における説教（伝道）の地位をよくあらしたものであろう。

　ところが真宗学における実践的な研究としての伝道学は、その研究の歴史も浅く、その進展は将来に求められているというのが現状である。ここでは以上をふまえて真宗伝道学の方法について述べてみたいのであるが、まず必要なのが、真宗の教義において「伝道」を位置づけるという作業である。このことがふまえられていなかったことが、真宗伝道学が大きく進展しなかった要因であったと考えられるからである。

3　真宗教義における信心と伝道

　さて「浄土真宗」とは、『教行信証』『教巻』標挙に、「大無量寿経　真実の教　浄土真宗」といわれ、『消息』に「選択本願は浄土真宗なり」と言われるように、『大無量寿経』の教えであり、選択本願である。そしてそれはまた親鸞において、「如来世に興出したまふゆゑは、ただ弥陀の本願を説かんとなり」（『行巻』「正信偈」）とされ、さらに「「門余」といふは、「門」は

すなはち八万四千の仮門なり、「余」はすなはち本願一乗海なり」(『化身土巻』門余の釈) と示されるように、弥陀の本願を説くことが如来(釈尊)出世の本懐(本意)であり、釈尊一代の他の仏教が「仮門」とされるのに対して、真実の法門は「本願一乗」の教えであるとされた。すなわち釈尊が歴史にその姿を現した意義は、この弥陀の本願の救いを説くためであり、それこそが釈尊一代仏教の帰結であるととらえられた。つまり浄土真宗こそが仏教(大乗仏教)であるというわけである。

　その本願(選択本願)とは、直接には弥陀の四十八願中の第十八願である。すなわち、

　　たとひわれ仏を得たらんに、十方の衆生、至心信楽してわが国に生ぜんと欲ひて、乃至十念せん。もし生ぜずば正覚を取らじ。ただ五逆と誹謗正法とをば除く。

と誓われるもので、伝統的な真宗学では、これは、われわれの救済について、信心と称名とが誓われた「機受の全相」(如来の救いが私のところではたらいているすがたの全て)をあらわしているとされるものである。

　これに対して、「機受の極要」(救いが私のところではたらくかなめ)といわれ、われわれの救済の要をあらわすのが「本願成就文」である。すなわち、

　　あらゆる衆生、その名号を聞きて信心歓喜せんこと、乃至一念せん。至心に回向したまへり。かの国に生れんと願ずれば、すなはち往生を得、不退転に住せん。ただ五逆と誹謗正法とをば除く。

と釈尊が説かれるところで、如来の救いが、われわれ衆生のところではたらくかなめをいえば、信心一つであること、すなわち信心のみが正因であることがあらわされるわけで、浄土真宗の救済はのこの信心において成立するのである。

　それは成就文では「聞其名号　信心歓喜」と表されるように、「その名号を聞いて信心歓喜すること」ではあるが、それが何をどのように聞くことであるのかは、成就文だけでは明確にならない。

　そこで親鸞の本願成就文の「聞其名号」の釈を見ると、まず『一念多念文
意』[10]に、

　　「聞其名号」といふは、本願の名号をきくとのたまへるなり。きくとい
　　ふは、本願をききて疑ふこころなきを「聞」といふなり。またきくとい
　　ふは、信心をあらはす御のりなり。「信心歓喜乃至一念」といふは、「信
　　心」は、如来の御ちかひをききて、疑ふこころのなきなり。

と釈述されて、聞くことがそのまま信心として成立しているという「聞即信」
の義を述べ、またその聞については、『信巻』の成就文の釈で[11]、

　　しかるに『経』（大経・下）に「聞」といふは、衆生、仏願の生起本末
　　を聞きて疑心あることなし、これを聞といふなり。

と釈される。ここにおいて「聞」とは「仏願の生起・本末」を聞くことであっ
て、それがそのまま救済成立の根拠となる「信」であること、その聞のほか
に信はないということがあきらかになる[12]。

　そしてその「仏願の生起」とは、如来の本願が何故に生まれ起こったかと
いう理由をいうのであるから、それは衆生（私）の存在があったからであり、
如来においてそれが決して自らの力では迷いから出ることができない存在で
あると見えたからである。すなわちここで「仏願の生起を聞く」ということは、
この限られた世界において存在する人間（私）を如来がいかに見たかという
「如来（弥陀）の人間観（世界観）」を聞くということを示していることになる。

　また「仏願の本末」とは、如来の本願の因と果、始まりと終わりというこ
とであるから、直接には法蔵菩薩の発願修行を本といい、その願行が成就し
て衆生を救済しつつあることが末である。つまり法蔵因位に起こされた本願
は名号となってはたらき続けているということをいうのであって、如来の救
済の始終を意味している。すなわちここで「仏願の本末を聞く」とは、「如
来（弥陀）の救済のありさま（法）」を聞くことを意味することになる。

　そして、この仏願の生起・本末を聞いて「疑心あることなし」と聞くこと
が信心であり、その信心が真宗における救済の成立の根拠であるとすれば、

その救済を伝達するという真宗の伝道とは、「仏願の生起本末を歴史・社会へ表現すること」、言いかえれば「如来（弥陀）の人間観（世界観）とその救済法を表現し伝達すること」であるということができよう。

4　真宗教義と伝道学の内容・方法

上記の直接的に救済に関係する真宗教義をふまえた上で、以下に真宗伝道学の内容・方法を考察するのであるが、まずその前提として、伝道の主体とは如何にあるのかということをふまえておかねばならない。

親鸞は自身が伝道の主体となるべきであるとは述べてはいない。むしろそのような姿勢を自己批判的に表して、[13]

　　是非しらず邪正もわかぬ　このみなり

　　小慈小悲もなけれども　名利に人師をこのむなり

と述べ、また「親鸞は弟子一人も持たず」と述懐した。[14] それならば、伝道の主体は何かというに、『正像末和讃』に、[15]

　　小慈小悲もなき身にて　有情利益はおもふまじ

　　如来の願船いまさずば　苦海をいかでかわたるべき

とか、

　　無慚無愧のこの身にて　まことのこころはなけれども

　　弥陀の回向の御名なれば　功徳は十方にみちたまふ

と述べられるように、伝道の主体は如来であり、如来の名号であると示されているのである。[16]

このことはさらに『唯信鈔文意』では、名号が十方世界にひろまるについて、[17]

　　おほよそ十方世界にあまねくひろまることは、法蔵菩薩の四十八大願の
　　なかに、第十七の願に、「十方無量の諸仏にわがなをほめられん、とな
　　へられん」と誓ひたまへる、一乗大智海の誓願成就したまへるによりて
　　なり。

54

と述べて、名号が伝わり、ひろまるのは、すでに第十七願において誓われ成就されているように、十方無量の諸仏によることであると示されている。

　したがって、真宗を「伝え、ひろめる」のは、諸仏・如来（われわれの時代・環境においては直接には釈尊）の仕事なのであるが、すでに現在はその仏は滅し、無仏の世なのであるから、それを実践するのは仏弟子（真仏弟子）の役目ということになる。

　このことは、親鸞およびその伝承者が「親鸞は弟子一人も持たず」と示している文脈に、同時にその理由として、全ては「如来の弟子」であって師弟の関係にあるのではないとされるところ、すなわち全ては「同朋・同行」であるという主旨が示されていることからも知られるところである。

　ではその「真仏弟子」とはどのような存在かといえば、『信巻』真仏弟子釈[18]に、

　　「真仏弟子」（散善義457）といふは、真の言は偽に対し仮に対するなり。

　　弟子とは釈迦諸仏の弟子なり、金剛心の行人なり。この信行によりてか

　　ならず大涅槃を超証すべきがゆゑに、真の仏弟子といふ。

と示されるように、「釈迦諸仏の弟子」であり「金剛心の行人」、すなわち「信心の人」であると言われている。そしてこの釈の後に、「真仏弟子」のありさまと言える現生十益の内容に相当する文を引用するについて、『安楽集』の「説聴の方軌」の文等の引用に続いて、「常行大悲の益」および「知恩報徳の益」の内容にあたる文が引かれているが[19]、その中において、かの「自信教人信」の文が示されているのである。

　以上の文脈は、「伝わり、ひろまる」のは、すでに第十七願が成就していることに根拠づけられるのではあるが、この無仏の世において具体的に「伝え、ひろめる」のは、真仏弟子であるところの「信心の人」において、「自信教人信」が実践されることであるという意味で理解できる。

　すなわちここでは、信心（自信）とは、「仏願の生起・本末」を聞信することにおいて救済が成立することであると示されているとともに、その「仏願の生起・本末」である救済が、「信心の人」を通して世界にひろまること（す

なわち救済の伝達＝教人信）が成立するという構造で述べられていると見ることができるのである。

ここに「信心の人を通して」というのは、親鸞が「信楽釈」において『涅槃経』を引く中に[20]、

> 信にまた二種あり。一つには聞より生ず、二つには思より生ず。この人の信心、聞よりして生じて、思より生ぜず。このゆゑに名づけて信不具足とす。また二種あり。一つには道ありと信ず、二つには得者を信ず。この人の信心、ただ道ありと信じて、すべて得道の人ありと信ぜざらん。これを名づけて信不具足とす。

と「信不具足」について示されるところの「得者を信ず」、「得道の人ありと信ずる」という「信」を通じてという意味である。その「得道の人」とは、親鸞においては師・法然であり、また同門の得道の人であったとも思われるが、いずれにしても真宗教義において、その救済が「仏願の生起・本末を聞信すること」であれば、その救済の伝達はその「得道の人」が「仏願の生起・本末の内容を伝達すること」になろう。

以上の論理にもとづいて、「真宗伝道学」の内容・方法も組織されるべきであろうと思われるので、以下に考察してゆこう。

まず真宗教義において、「仏願の生起」とは、如来の本願が起こされた理由・いわれを示すものであるから、それは法蔵菩薩の観見・思惟の対象である世界（器世間）と、そこに存在する衆生（衆生世間）のありさまをその内容としているといえる。すなわち救済の対象となる世界と、そこに存在する人間（衆生）を観見し・思惟して本願が生起し、救済の活動は始まっているということである。

この視点から真宗伝道学としての内容・方法を定めてみるならば、まずそれは伝道（救済の伝達）の対象となる世界（歴史的・具体的に存在する社会、思想、環境、思潮…）と、人間存在（個人、集団、心理、人格、健康、教養…）の状況とを、認識・把握し分析するという研究（学的内容）として定義

できるであろう。

　また教義における「仏願の本末」とは、如来の救済の因果・始終を意味し、その救済の法（ありさま）を示すものであるから、それは法蔵菩薩の観見・思惟を経た本願の建立（発願）と修行、および救済の法である名号のはたらきを内容としている。言いかえれば救済の目的・方向（願）と救済実現のための実践（行）の結果において、現に行われつつある救済の活動（名号）のありさまを意味しているといえる。

　そして、この真宗教義上の視点にもとづいて真宗伝道学の方法を定めてみるならば、それはまず現実の状況を正確に認識・分析した上での、救済実現のための方向づけ、表現方法、技術的方法等の実践的研究を内容とするということとなろう。

　それは具体的には、伝道の基本理念と姿勢およびその歴史、宗教的心理、倫理、教育…、布教伝道に関する技術（コミュニケーションの技術、情報化の技術、メディア論、儀礼、音楽…）等々の実践的分野の研究であり、それによる如来の救済の伝達方法の研究として位置づけられることになる。

　さらにまた、より具体的には、歴史社会における救済の伝達のための組織的・集団的活動（教団、寺院、法人経営、伝道組織…）および社会的活動の各分野において、如来の救済・教化を実現する（助成する）ための具体的方法や手続き・技術を実践的に研究するという分野が、伝道学として組織され展開することになろう。

以上のことをまとめ図示すれば下記のごとくである。

	真宗教義	真宗伝道学の方法・内容
仏願の生起	法蔵菩薩の観見・思惟の対象である世界（器世間）のありさま ＝如来の救済の対象となる 　世界の状況 法蔵菩薩の観見・思惟の対象である人間・衆生（衆生世間）のありさま ＝救済の対象である人間 　（衆生）の状況	■救済伝達の対象となる、歴史的・現実的に存在する社会、思想、思潮、環境…等の状況認識と分析 ■救済伝達の対象である人間存在すなわち個人、集団、人格、心理、健康、教養…等の状況の認識・把握と分析
仏願の本末	法蔵菩薩の発願と修行 （因位の願・行） および 如来の救済活動のありさま （果力としての名号）	■救済実現のための方向付け、表現方法や技術的方法の研究 ―伝道の基本理念、伝道の姿勢、伝道の歴史、宗教教育・倫理・哲学…の研究 ―布教・情報伝達に関する技術（コミュニケーションの技術、情報化の技術）やメディア各種…の研究 ―宗教儀礼、儀式・声明・音楽…の研究 ■歴史・社会における救済伝達のための組織的・社会的活動の研究 ―教団、寺院、法人経営、組織伝道…の研究 ―社会的活動諸分野の研究

　以上の考察をふまえて、「真宗伝道学」とは何かと再考するならば、まず「真宗伝道」とは「浄土真宗の教法およびその救済を伝えひろめること」である

といえる。そこからさらに「真宗伝道学」としてふみ込んで定義し直すならば、「浄土真宗における宗教的真実の表現および救済の法の伝達の実際に関する理論や方法を研究する営み」と定義できる。

　さらに「真宗伝道」を真宗教義の上から定義するなら、「仏願の生起・本末の内容を伝達すること」、言いかえれば「如来（弥陀）の人間観（世界観）とその救済に関する情報を伝達すること」と定義できる。

　その上で「真宗伝道学」の内容・方法を組織的に定めてみるならば、伝道の対象となる人間（世界・社会）の認識・把握と分析に関する研究（＝「仏願の生起」を基礎とする研究）と、如来の救済（名号）が歴史・社会に伝わるための方法・表現・技術・組織に関する研究（＝「仏願の本末」を基礎とする研究）という枠組みにおいて行う営みとすることができるのである。

（1）　『浄真全』2-1036頁／『註釈版』816頁

（2）　以下は岩波『キリスト教辞典』（岩波書店・2002年）、『キリスト教ハンドブック』（三省堂・1993年）等を参考にした。

（3）　カール・バルト『説教の本質と実際』序説（小坂宣雄訳・新教出版社・1977年）7頁

（4）　『浄真全』2-8頁／『註釈版』134頁

（5）　『浄真全』2-779頁／『註釈版』737頁

（6）　『浄真全』2-61頁／『註釈版』203頁

（7）　『浄真全』2-196頁／『註釈版』394頁

（8）　『浄真全』1-25頁／『註釈版』18頁

（9）　『浄真全』1-43頁／『註釈版』41頁

（10）　『浄真全』2-662頁／『註釈版』678頁

（11）　『浄真全』2-94頁／『註釈版』251頁

（12）　安心論題の「聞信義相」等を参照されたい。

（13）　『浄真全』2-531頁／『註釈版』622頁（『正像末和讃』末尾）

（14）　この言葉は、『歎異抄』第六条のみならず、覚如の『口伝鈔』第六条、および『改邪鈔』第四条、また蓮如の『御文章』（御文）冒頭の一帖目第一通までもが伝えているこ

とからしても、門流内に印象的に語られ伝承されたと思われる。

(15)　『浄真全』2-519頁／『註釈版』617頁

(16)　『浄真全』2-519頁／『註釈版』617頁（上記和讃の前の和讃）

(17)　『浄真全』2-691頁／『註釈版』703頁

(18)　『浄真全』2-98頁／『註釈版』256～257頁

(19)　『浄真全』2-101頁／『註釈版』261頁

(20)　『浄真全』2-85頁／『註釈版』237頁

第5章　伝道学としての真宗人間論
－真宗における人間の存在と当為－

1　「伝道学としての人間論」ということ

　釈尊の伝道・説法は「対機説法（随機説法）」であったといわれ、教法を
うける相手（機）の資質や能力、あるいはその状況に応じて、それぞれにふ
さわしい方法で行われたと伝えられる。またその説法の仕方を喩えて「応病
与薬」とも言われるが、ここで言われる「機」とか「病」とは、直接には、
われわれ「人間」自身を指しているわけである。

　それならば仏教における「伝道」について、特に世界的な文化的視野に立っ
て、現実の社会における伝道を考える場合に、その「人間」をいかに把握し
理解するかということは、まずは伝道のための基礎的な課題となってくる。

　そして「真宗における伝道」について考察する場合、例えば説教や法話が、
しばしば「ご讃嘆」と言われ「おとりつぎ」と言われること、すなわち伝道
者・説法者が救うのではなく、あくまで如来（弥陀）の救済の「使い」とい
う「布教使」として、救済を「取り次ぐ」という立場からしても、まず真宗
の伝道とは「如来（弥陀）の救済を伝達すること」であると言えるが、その
救済とは、『大経』下巻・本願成就文に、

　　諸有衆生　聞其名号　信心歓喜　乃至一念　至心回向

　　あらゆる衆生、その名号を聞きて、信心歓喜せんこと、乃至一念せん。

　　至心に回向したまへり。

とあるように、「名号を聞信する一念」のところに成立すると言える。

さらにその「名号聞信」については、親鸞が『教行信証』『信巻』に、[(2)]

　　『経』（大経・下）に「聞」といふは、衆生、仏願の生起本末を聞きて疑
　　心あることなし、これを聞といふなり。「信心」といふは、すなはち本
　　願力回向の信心なり。

と釈述して、「聞信」とは「仏願の生起本末」を聞き信ずることと示している。つまり如来の願いが起こされたいわれ（生起）と、その願いの始終（本末）を「疑心あることなし」と聞くこと、言いかえれば仏願が生起する理由となった人間（衆生）の存在のありさまと、その願いのはたらきの全てである救済のありさまとを聞信することだと言える。

　上のように真宗における救済が名号聞信のところに成立すると見れば、「真宗の伝道」とは、その「如来（弥陀）の人間（世界）観とその救済の伝達」と定義することができると思う。そしてその「伝道」に関する学として、その救済の対象となる「人間」とは何か」を考察することは、真宗においても基本的に必要とされる課題となってくるであろう。本章の表題に「伝道学としての」としたのは、この課題について考察しようとするものである。

　また表題に「真宗人間論」としたことについても述べておかねばならない。「人間」の考察について、真宗学においては、通常「教」や「法」に対する「機」としてあつかわれ、いわゆる「機根論」もしくは「衆生論」として論じられるが、ここでは、親鸞ないし真宗において、単に人間をいかに見るかという視点のみではなく、親鸞の人間観の基礎や根拠をも探るという作業として、
（1）如来（弥陀）は救われるべき人間をいかに見られたか
（2）人間をいかなる姿勢・立場において見られたか
（3）いかなる人間となることが期待されているか
という三段の手続きにおいて論じ、より広い立場において「人間」を考察・論究することを「真宗人間論」と定義しておくこととする。

　ただし「人間論」と言う場合、anthropologyという、人間性の本質、人間の宇宙における地位、人間の身体と精神等のテーマについて論究するギリシャ

哲学の時代からの哲学の一部門があって、いまはその方法で考察するものではないのであるが、内容からして全く重ならないわけでもないので、とりあえず「人間論」としておこう。

　また副題に「存在と当為」と付したが、いわゆる哲学用語として用いたのではなく、本章で真宗における人間を考察する場合の、「人間存在のありさま」（＝存在）と「人間のあるべき姿、なすべきこと」（＝当為）を考えるという普通名詞として用いている。

　したがって表題の「人間論」の意味するところは、「如来（弥陀）の人間観（世界観）を伝えるための内容・方法について、基礎的な考察・論究をする」ということである。

2　仏教の人間観　－その存在と当為－

　さて真宗において人間を論ずる場合に、その基礎として、人間の存在と当為について仏教は基本的にいかに考えているかということを見ておこう。

　まず釈尊はその成道において何をさとったのであるかといえば、それは「縁起」の理法（十二因縁）であり、また初期の説法で何が説かれたかといえば、それは「中道」であり、また「四の真理」すなわち「四諦（八正道）」であったとされる。[3]

　そこからすれば、まず人間が苦なる存在であり、縁起的存在であるということが説かれていることになる。すなわち人間は、あらゆる現象や存在と空間的・時間的な相依・相関の関係の中に存在しており、思うようにならない境遇にあるものとして示されるのである。

　また四諦（八正道）が説かれていることは、まず苦諦と集諦という「迷いの因果」を説くことによってわれわれ人間のありさま（現実的存在様態）を教示し、滅諦と道諦という「悟りの因果」を説くことによって、人間のあるべき姿（理想的存在様態）と為すべき実践（当為）を「八正道」として教示

されていることになる。図示すれば次の如くである。

　以上をふまえて、仏教は人間をいかに見るかということを、前述の三段の手続きに沿って考察してみると、

　まず第一に（1）人間をいかなる存在と見るかであるが、苦諦において「人生は苦なり」という命題で示されるように、生老病死の苦なる人生を送るものと見る。その「苦」はさらに「五蘊盛苦」と示されるところからすれば、存在そのものが「苦」であると示されていることになる。そして十二因縁を逆観し、その果をまねいている因をたずねて、根本に無明（無知）があることを示していくのである。

　第二に（2）仏教は人間をいかなる立場（姿勢）において見ているかといえば、まず「あるがままに見る」という立場において見ていると言えよう。仏教において人間は多くの場合「衆生」あるいは「有情」として表現されているが、その立場は人間だけを特別に扱うのではなく、「生きとし生けるもの」、「生存するもの」として「あるようにある」と見ているのである。

　「衆生」という語も「衆人ともに生ずるもの」、「衆多の生死を経るもの」、「衆多の法が仮に和合して生ずるもの」等種々に定義され、それぞれが無明なる存在、輪廻の存在、縁起的存在という側面から定義されているのであるが、基本的には「生存するもの、一切の生類（生きとし生けるもの）」を意味しており、しかもそれぞれの生類の間の根本的な差異を示してはいない。

　このことは例えば『聖書（旧約）』に、神の創造によって人間が造られたことを示して、

　　神は言われた。「我々にかたどり、我々に似せて、人を造ろう。そして
　　海の魚、空の鳥、家畜、地の獣、地を這うもの　すべてを支配させよう。」
　　神は御自分にかたどって人を創造された。神にかたどって創造された。
　　男と女に創造された。
　　神は彼らを祝福して言われた。「産めよ、増えよ、地に満ちて地を従わせよ。
　　海の魚、空の鳥、地の上を這う生き物をすべて支配せよ。」
と、人間に他の生物を支配させるというような立場の人間観と比較すれば、
その違いは明確になるであろう。つまり仏教では、人間は「生あるもの」の
一様態として、「あるがままにある」という差異のない立場で見られている
のである。

　もう一つの仏教の人間の見方として注目されるのは、「人間」とは「人々
の間」として「人のいる世間」という意味で使われる場合があるが、その場[6]
合に、単に「自分」と「他人」が存在すると見るのではなく、例えば「自己
を護る人は他の自己をも護る…」とか、「万法に証せらるゝといふは、自己[7]
の身心をよび他己の身心をして脱落せしむるなり」等といわれるように、「自[8]
己」と「他の自己」が存在するという見方があるということもあげておかね
ばならない。

　以上の仏教の人間観から導かれることとして、第三に（3）仏教は人間は
いかにあるべきと見ているかといえば、無明なる存在であることを示して、
そこから「目覚めるべき存在」といい、生死をくり返す輪廻の存在から「解
脱すべき存在」であることを説き、また迷いの存在であることを教えて「悟
るべき存在」であると人間を見てゆくものであると言えよう。

　ところで、真宗に連なる仏教は、その歴史において聖道門と浄土門の仏教
に展開したわけであるが、両者の人間観には当然に異なった側面が現れてくる。
浄土門と聖道門との判別は、直接には末法思想を背景にして「約時被機」の
立場から判じた道綽禅師の発揮ではあるが、本質的には仏教史上に浄土教が
展開した当初から、両者の立場の相異は存在すると見てよいのであろう。両

門の定義について、親鸞は『化身土巻』(9)に、

　おほよそ一代の教について、この界のうちにして入聖得果するを聖道門
　と名づく、難行道といへり。この門のなかについて、大・小、漸・頓、
　一乗・二乗・三乗、権・実、顕・密、竪出・竪超あり。すなはちこれ自
　力、利他教化地、方便権門の道路なり。安養浄利にして入聖証果するを
　浄土門と名づく、易行道といへり。

と示すが、親鸞の他の表現を見ても、要するに聖道門仏教とは聖者の仏教であり、
人間自身が有する成仏能力を肯定的に見るのに対し、浄土門はそれを否定的
に見るという相異があるということができよう。図示すれば次の如くである。

```
　　　　　┌─ 聖道門…此土入聖得果…難行道…聖者の仏道
　　　　　│　　　　　　　→人間自身の成仏能力を肯定
仏教 ─┤
　　　　　│
　　　　　└─ 浄土門…彼土入聖証果…易行道…凡夫の仏道
　　　　　　　　　　　　→人間自身の成仏能力を否定
```

3　真宗伝道学における人間存在の表現

（1）「救われるべき人間」がいかに表現されているか

　上述の仏教における人間の表現をふまえて、真宗伝道学の立場から人間を
考察するのであるが、まず次のような二つの立場に分けて、両者を意識しな
がら考えてみることが有効かと思われる。すなわち、真宗の救済を伝達する
という伝道学の立場において、

（1）　人間を「いかなる存在であると表現するか」という存在論的立場の人
　　　間論
（2）　人間を「いかにあるべきであると表現するか」という当為論的立場の
　　　人間論

という「存在」と「当為」の立場での考察である。

　このことをより分析的に考察するために、先にあげた三つの手続きに沿って考えてみよう。まず真宗において、救われるべき「人間」がどのように表現されているかという主題の考察である。

　最初に注目すべきことは『大経』において、その前半の「弥陀分（弥陀章）」には、直接に衆生（人間）の罪が告げられていないことである。罪について説くところは、ただ一つ第十八願文の「唯除五逆　誹謗正法」であろうが、それは直接に衆生が罪悪なる存在であることを告げるのではなく、重い罪とは何かを説くのであって、『大経』において人間存在の罪悪性が説かれるのは、下巻のいわゆる「釈迦指勧分」においてである。すなわち釈尊の教誡として衆生の五善・五悪（五悪段）が説かれるのであるが、それもあくまで阿弥陀仏に帰すべきことを勧めるために説かれていること(10)をふまえておかねばならないのであろう。また親鸞においてこの部分の引用が無いことも併せて注意すべきことである。

　このことは『大経』胎化段において、胎化の得失として仏智疑惑の罪を説いて、衆生の存在としての罪と言うよりも、むしろの仏智を疑う罪の深さを説いて、阿弥陀仏に帰依し聞信すべきことを教示されるところにもあらわれていると言える。親鸞はこの意を和讃(12)にして、

　　仏智うたがふつみふかし　　この心おもひしるならば

　　くゆるこころをむねとして　仏智の不思議をたのむべし

と示すところでもある。

　また『大経』流通分(13)では、

　　もしこの経を聞きて信楽受持することは、難のなかの難、これに過ぎたる難はなけん。

と遇法・受法の難を説いて、この法に遇うことの希有なること示される。このことが説法の結びとなる流通分において説かれているということは、人界受生の難を前提として、人間として生まれたことの上に、凡夫にとっては不

67

可称不可説不可思議の尊高なる法に、今すでに遇い得たのであるということを示していることになる。すなわち人間の存在とは、五悪段において誡められるような現実の中にありながらも、希有にして尊高なる法に遇い得る存在であるということが教示されていると見ることができるのである。

　さらに『観経』の教説は、いわゆる「王舎城の悲劇」として人間の罪を示して「機の真実」を顕していると見られる⁽¹⁴⁾が、教説ではそれが「悲劇」として芝居仕立てで表現されているのであって、『観経』の説法を聞く立場の人間に向かって罪を告げているのではないことに注意しておかねばならない。

　以上のように『大経』、『観経』を見るならば、そこに示される人間存在の現実についての表現は、直接に「存在の罪」を責めるのではなく、むしろ「仏智疑惑の罪」を示して、真実なる如来の救いを受容すべきことが説かれていると見ることができる。このことの意義を伝道学的な立場で言うならば、人間の救いを語ることにおいて、最初から「負の表現」をせずに、人間の変革を可能にする人間存在の表現の一面が顕れていると言うことができようか。そしてここに真宗伝道学における人間存在の表現の一方法が示唆されていると見ることができそうである。

（2）いかなる姿勢・立場で「人間」が表現されているか

　次に真宗の救済に関して、どのような姿勢・立場で「人間」がとらえられ表現されているかということを見てみよう。

　まず『大経』を見ると、法蔵菩薩の発願修行を説く前提として、その「証信序」において、大乗の菩薩の八相成道を釈尊の生涯によせて説かれた後、その菩薩の利他の徳について明かされる中に、人間（衆生）に対する姿勢・立場が説かれている⁽¹⁵⁾。すなわち、

　　もろもろの庶類のために不請の友となる。群生を荷負してこれを重担とす。
　　…（中略）…もろもろの衆生において、視そなはすこと、自己のごとくす。

と説いて、菩薩は人間（衆生）のために自ら好んでよき親友となり、一切の衆生をみるのに自己をみるのと同じようにされるというのである。このことは親鸞が『浄土和讃』において、如来の衆生に対する姿勢を、

　　超日月光この身には　　念仏三昧をしへしむ

　　十方の如来は衆生を　　一子のごとく憐念す

と和讃しているように、如来は衆生を「一子」（ひとり子）を見るように見られるということである。また別の箇所では、その「一子地」に左訓を付して、

　　三界の衆生をわがひとり子とおもふことを得るを一子地といふなり。

と示しているものと同様の姿勢であると言える。すなわち大いなる慈悲の立場において、「個」としての人間が見られているわけで、それは『観経』真身観に、

　　仏心とは大慈悲これなり。無縁の慈をもつてもろもろの衆生を摂したまふ。

と説かれる「仏心」のありさまである。つまり「仏心」とは、基礎的には智慧心であり般若心であると説くべきなのに、大慈悲心を表にして説いているわけであって、ここに大乗仏教における菩薩・如来の人間観の姿勢・立場が示されていると言える。

　そしてこのことが端的に表されるのが、いわゆる「悪人正機」の主張であって、凡夫悪人こそが如来の救済の目当てであると、第十八願の「唯除五逆　誹謗正法」の文から、救済の目当てとしての人間観が示されるのである。

　親鸞においては『信巻』の「逆謗摂取釈」以下に釈述されるが、例えば『信巻』引用の『涅槃経』七子の譬喩に、

　　たとへば一人にして七子あらん。この七子のなかに一子病に遇へば、父母の心平等ならざるにあらざれども、しかるに病子において心すなはちひとへに重きがごとし。大王、如来もまたしかなり。もろもろの衆生において平等ならざるにあらざれども、しかるに罪者において心すなはちひとへに重し。

69

と説かれる立場において、われわれ人間が悪人であると見られているわけである。

　つまり経文には「十方衆生」と言われてはいても、それは単に抽象的な人間を見る立場ではなく、人間（衆生）を「他の自己」として、言いかえるなら「自己」と「他の自己」という関係において見る姿勢・立場であると言うことができよう。『歎異抄』の結びに、

　　弥陀の五劫思惟の願をよくよく案ずれば、ひとへに親鸞一人がためなり
　　けり。

と述べられるのも、この立場においてであろう。

　以上の考察の意義を、伝道学的な立場で見るならば、人間の救済を語る姿勢として、人間の「個」としての存在意義を認め、あるいは支える側における対「人間」の表現が顕れていると言うことができようか。そしてここにまた真宗伝道における人間存在の表現の立場が示されていると見ることができそうである。

（3）「あるべき人間」がいかに表現されているか

a 「真仏弟子」としての人間

　次いで、真宗において救われた人間、換言すれば「あるべき人間」とは、どのように表現されているのかを見てみよう。

　まず、親鸞は本願の法を正しく受けて、必ず仏になるべき身に定まった機（人間）を「正定聚の機」といい、そのように救済された人間を「真仏弟子」と示している。その「真仏弟子」とはどのような存在であると示されているのであろうか。まず『信巻』の真仏弟子釈では、

　　「真の仏弟子」と（散善義457）いふは、真の言は偽に対し仮に対するなり。弟子とは釈迦諸仏の弟子なり、金剛心の行人なり。この信行により

　　てかならず大涅槃を超証すべきがゆゑに、<u>真の仏弟子</u>といふ。

と釈述される。また『信巻』には、善導『観経疏』の深心釈を引用して、

　　また深信するもの、仰ぎ願はくは一切の行者等、一心にただ仏語を信じ
　　て身命を顧みず、決定して行によりて、仏の捨てしめたまふをばすなは
　　ち捨て、仏の行ぜしめたまふをばすなはち行ず。仏の去らしめたまふ処
　　をばすなはち去つ。これを仏教に随順し、仏意に随順すと名づく。これ
　　を仏願に随順すと名づく。<u>これを真の仏弟子と名づく</u>。

と述べられるが、これは『愚禿鈔』では「三遣・三随順・三是名」として釈
述されてもいて、「真仏弟子」としての「あるべき人間」の一面が示されて
いると見ることができる。『愚禿鈔』ではさらに「二河譬」を釈述して、

　　「汝」の言は行者なり、これすなはち必定の菩薩と名づく。龍樹大士『十
　　住毘婆沙論』（易行品16）にいはく、「即時入必定」となり。曇鸞菩薩の
　　『論』（論註・上意）には、「入正定聚之数」といへり。善導和尚は、「希
　　有人なり、最勝人なり、妙好人なり、好人なり、上上人なり、<u>真仏弟子</u>
　　なり」（散善義・意500）といへり。

と、「信心の人」を讃嘆する結びとして「真仏弟子なり」と言われている。

　また『消息』には、

　　この信心の人を釈迦如来は、「<u>わが親しき友なり</u>」（大経・下意）とよろ
　　こびまします。この信心の人を<u>真の仏弟子</u>といへり。この人を正念に住
　　する人とす。この人は、〔阿弥陀仏〕摂取して捨てたまはざれば、金剛
　　心をえたる人と申すなり。この人を「上上人とも、好人とも、妙好人とも、
　　最勝人とも、希有人とも申すなり。<u>この人は正定聚の位に定まれるなり</u>
　　としるべし。しかれば、<u>弥勒仏とひとしき人</u>とのたまへり。これは真実
　　信心をえたるゆゑに、かならず真実の報土に往生するなりとしるべし。

と、「真仏弟子」である信心の人が、次に成道することが定められている弥
勒菩薩に等しい存在であるとも表現され、『入出二門偈』においては、

　　煩悩を具足せる凡夫人、仏願力によりて信を獲得す。

71

この人はすなはち凡数の摂にあらず、これは人中の分陀利華なり。
とも言われているのである。

　以上のように、親鸞によって、真宗において救われた人間が「真仏弟子」
として表現がなされていることの伝道学的意義を見出すならば、その人間と
は、「釈迦の親友」であり、仏に成ることが決定した存在であって、ただの
凡夫でなく弥勒に等しい存在と捉えられているのであるから、必ず仏に成る
という意味で、利他教化を行う身になるべき存在としての「人間」が表現さ
れていると見ることができる。ここにまた真宗伝道学における人間存在の表
現の、一つの可能性を見出すことができると思われる。

b 「難化の三機」としての人間

　ところが一方で親鸞には、この人間について「難化の三機」として表現す
る一面がある。[29]『信巻』真仏弟子釈の終りを結んで、[30]
　　まことに知んぬ、悲しきかな愚禿鸞、愛欲の広海に沈没し、名利の太山
　　に迷惑して、定聚の数に入ることを喜ばず、真証の証に近づくことを快
　　しまざることを、恥づべし傷むべしと。
と述べて結んだ後、『涅槃経』を示しながら読みかえて引用し、阿闍世の存
在を普遍的に表現してゆく。それは『教行信証』総序において、[31][32]
　　しかればすなはち浄邦縁熟して、調達（提婆達多）、闍世（阿闍世）を
　　して逆害を興ぜしむ。浄業機彰れて、釈迦、韋提をして安養を選ばしめ
　　たまへり。これすなはち権化の仁、斉しく苦悩の群萌を救済し、世雄の
　　悲、まさしく逆謗闡提を恵まんと欲す。
と示される立場での表現であるが、「難化の三機」の現実を背負った存在として、
阿闍世の逆害とその救済を詳述する。

　すなわち救いを求めて釈尊をたずねる阿闍世に対する、釈尊の不入涅槃（釈
尊が阿闍世のために命をのべて涅槃には入らぬとされること）の一段を引用

第5章　伝道学としての真宗人間論

する。⁽³³⁾

> 善男子、わがいふところのごとし、阿闍世王の為に涅槃に入らず。かくのごときの密義、なんぢいまだ解くことあたはず。なにをもつてのゆゑに、われ《為》といふは一切凡夫、《阿闍世王》とはあまねくおよび一切五逆を造るものなり。また《為》とはすなはちこれ一切有為の衆生なり。…《阿闍世》とはすなはちこれ煩悩等を具足せるものなり。また《為》とはすなはちこれ仏性を見ざる衆生なり。…《阿闍世》とはすなはちこれ一切いまだ阿耨多羅三藐三菩提心を発せざるものなり。

すなわちここでは、釈尊が阿闍世のために涅槃に入らないことの密義を釈して、阿闍世とは単なる歴史上の一人物ではなく、五逆を造り、煩悩を具足し、仏性を見ず、発心しないという、一切の迷いの衆生をあらわしたものとして釈述されているのである。つまり『涅槃経』に説かれる「阿闍世」とは、過去に存在した一個の人物ではなく、現在のわれわれをも含め、逆謗闡提をも含めての一切の衆生が救済の対象となることを、阿闍世の因縁をもって示されたものと言うことができる。そして親鸞は、これを結んで、⁽³⁴⁾

> ここをもつて、いま大聖（釈尊）の真説によるに、難化の三機、難治の三病は、大悲の弘誓を憑み、利他の信海に帰すれば、これを矜哀して治す、これを憐憫して療したまふ。たとへば醍醐の妙薬の、一切の病を療するがごとし。濁世の庶類、穢悪の群生、金剛不壊の真心を求念すべし。本願醍醐の妙薬を執持すべきなりと、知るべし。

と述べて、如来に救済される「難化の三機」の現実を阿闍世の上に見ながら、また阿闍世の現実の上に、如来の慈悲に救済されていく人間存在の現実のすがたを説示したと見ることができる。すなわち救済の対象となる人間とは、逆謗闡提をも含む、煩悩を抱えながらも仏法に背を向け発心もしない、煩悩具足の全ての存在であると捉えられているということである。

　以上のような人間存在の捉え方から、具体的な伝道の場面において真宗の救済を語る場合に、「人間」は、救済の対象として「如来に見られた私」と

いう仕方で、自らをかえりみるべき存在であるということが表現できるとともに、そのことは仏法無縁の人々にも開かれている救済の上での人間表現であるということができるのであって、ここにまた真宗伝道における人間表現の重要な可能性も見出すことができると思われるのである。

<h2 style="text-align:center">c 「義なきを義とす」べき人間</h2>

　さて真宗の他力の救済の在り方を表すのに「義なきを義とす（無義為義）」という言葉がある。このことも信心の人のあるべき姿の一面を表していると考えられるので、いま見ておこう。
　『消息⁽³⁵⁾』には、

> 「他力には義なきを義とす」と、聖人（法然）の仰せごとにてありき。義といふことは、はからふことばなり。行者のはからひは自力なれば義といふなり。他力は、本願を信楽して往生必定なるゆゑに、さらに義なしとなり。

とあるから、この「義なき」の「義」とは行者のはからいという意味である。また別の『消息⁽³⁶⁾』には、

> また「弥陀の本願を信じ候ひぬるうへには、義なきを義とす」とこそ、大師聖人（法然）の仰せにて候へ。かやうに義の候ふらんかぎりは、他力にはあらず、自力なりときこえて候ふ。また他力と申すは、仏智不思議にて候ふなるときに、煩悩具足の凡夫の無上覚のさとりを得候ふなることをば、仏と仏のみ御はからひなり。さらに行者のはからひにあらず候ふ。しかれば、義なきを義とすと候ふなり。義と申すことは、自力のひとのはからひを申すなり。他力には、しかれば、義なきを義とすと候ふなり。

とあって、いずれも法然の仰せであったことが示されているが、ここに「義と申すことは自力のひとのはからひを申すなり」としてあることは、前述の『消

息』と同意であって、行者のあるべき姿として、その「はからひ」を捨てるべきことが示されているわけである。また「他力には義なきを義とす」という後の「義とす」の「義」とは、他力の真実の法義という意味になる。

　この「義なきを義とす（無義為義）」とは、その他の『消息』類をはじめ、『自然法爾章』[37]、『三経往生文類』[38]、『如来二種廻向文』[39]の結び、『尊号真像銘文』[40]等にも出てくるが、いずれも法然の仰せであり、他力真宗の人間の「あるべき姿」として、如来の救済については、行者としてはからうべきでないこと、言いかえれば全て如来にまかせるべきであるという在り方が示されていると言うことができよう。

　このことは伝道の場において、救済された「人間」の在りようを示す表現と捉えることができるわけで、親鸞が『消息』[41]に、

　　往生はともかくも凡夫のはからひにてすべきことにても候はず。めでた
　　き智者もはからふべきことにも候はず。大小の聖人だにも、ともかくも
　　はからはで、ただ願力にまかせてこそおはしますことにて候へ。まし
　　ておのおののやうにおはしますひとびとは、ただこのちかひありときき、
　　南無阿弥陀仏にあひまゐらせたまふこそ、ありがたくめでたく候ふ御果
　　報にては候ふなれ。とかくはからはせたまふこと、ゆめゆめ候ふべからず。
と述べていることや、覚如が『執持鈔』第二条[42]に、

　　往生ほどの一大事、凡夫のはからふべきことにあらず、ひとすぢに如来
　　にまかせたてまつるべし。すべて凡夫にかぎらず、補処の弥勒菩薩をは
　　じめとして仏智の不思議をはからふべきにあらず、まして凡夫の浅智を
　　や。かへすがへす如来の御ちかひにまかせたてまつるべきなり。これを
　　他力に帰したる信心発得の行者といふなり。
と述べているように、他力に帰した「人間」のあるべき姿を示す、伝道上の表現の重要な要素として見ることができるのである。

（1）　『浄真全』1-43頁／『註釈版』41頁

（2）　『浄真全』2-94頁／『註釈版』251頁

（3）　例えば中村元『ゴータマ・ブッダ－釈尊の生涯－原始仏教１』（中村元選集第11巻　春秋社、1969年所収）159頁以下等

（4）　例えば『往生論註』巻上には「三有に輪転して衆多の生死を受くるをもってのゆゑに衆生と名づく」（『浄真全』1-471頁／『註釈版・七祖篇』78頁）等と定義される。その他、龍谷大学篇『仏教大辞彙』、中村元『広説仏教語大辞典』、法蔵館『仏教学辞典』、『浄土宗大辞典』（山喜房仏書林）等の「衆生」の項目に、それぞれの出典等も示されている。

（5）　「創世記」１－26〜28（新共同訳『聖書』日本聖書協会、2007年）

（6）　例えば『長阿含経』第22巻「便出山林遊於人間」（『大正蔵』巻1・149頁中）等

（7）　AN.111.p.373…中村元「仏教における人間論」（『講座仏教思想』４理想社、1975年、50頁より）

（8）　道元「現成公案」（『正法眼蔵』１岩波文庫、1990年、54〜54頁）

（9）　『浄真全』2-196頁〜197頁／『註釈版』394頁

（10）　例えば『末灯鈔』第一通（『浄真全』2-778頁／『註釈版』735頁）等

（11）　『浄真全』1-56〜64頁／『註釈版』62〜74頁

（12）　『正像末和讃』誡疑讃・結（『浄真全』2-510／『註釈版』614頁）

（13）　『浄真全』1-70頁／『註釈版』82頁

（14）　例えば覚如『改邪鈔』第十七条（『浄真全』4-319頁／『註釈版』938頁）では、「『観無量寿経』は機の真実をあらはして所説の法は定散をおもてとせり。機の真実といふは、五障の女人・悪人を本として韋提を対機としたまへり」と示す。

（15）　『浄真全』1-18頁／『註釈版』7頁

（16）　『浄真全』2-396頁／『註釈版』577頁

（17）　『浄土和讃』諸経讃の国宝本・顕智書写本等の「一子地」の左訓（『浄真全』2-384頁／『註釈版』573〜574頁脚注）

（18）　『浄真全』1-88頁／『註釈版』102頁

（19）　『浄真全』2-114頁／『註釈版』279頁

（20）　『浄真全』2-1074頁／『註釈版』853頁

（21）　『信巻』標挙（『浄真全』2-66頁／『註釈版』210頁）

（22）　『浄真全』2-98頁／『註釈版』256〜257頁

（23）　『浄真全』2-72頁／『註釈版』218頁

(24)　『浄真全』2-297頁／『註釈版』522頁

(25)　『浄真全』2-305〜306頁／『註釈版』538頁

(26)　『末灯鈔』第二通（『浄真全』2-781頁／『註釈版』748頁）

(27)　『信巻』ではいわゆる「便同弥勒釈」として述べられる。（『浄真全』2-103頁／『註釈版』264頁）

(28)　『浄真全』2-320頁／『註釈版』550頁

(29)　『浄真全』2-105頁／『註釈版』266頁以下

(30)　『浄真全』2-105頁／『註釈版』266頁

(31)　以下は普賢晃壽「真宗者の人間像」（『親鸞教学論考』永田文昌堂、1999年）を参照

(32)　『浄真全』2-6頁／『註釈版』131頁

(33)　『浄真全』2-112頁〜113頁／『註釈版』277〜278頁

(34)　『浄真全』2-124頁〜125頁／『註釈版』295〜296頁

(35)　『末灯鈔』第二通（『浄真全』2-780頁／『註釈版』746頁）

(36)　『親鸞聖人御消息集』第十八通（『浄真全』2-849頁〜850頁／『註釈版』776頁〜777頁）

(37)　『末灯鈔』第五通（『浄真全』2-785〜786頁／『註釈版』768頁〜769頁）および『正像末和讃』の末尾（『浄真全』2-529〜530頁／『註釈版』621〜622頁）

(38)　『浄真全』2-583〜584頁／『註釈版』629頁

(39)　『浄真全』2-725頁／『註釈版』723頁

(40)　『浄真全』2-654頁／『註釈版』673頁

(41)　『末灯鈔』第十九通（『浄真全』2-806頁／『註釈版』742〜743頁）

(42)　『浄真全』4-233〜234頁／『註釈版』860頁

第6章　真宗伝道の課題と可能性

1　現代における伝道の問題

　さて上来の真宗伝道の考察をふまえて、現代における真宗伝道には、どのような問題・課題が存在し、具体的にはどのような方向で伝道を展開しうるのかを現時点（2021年12月）において考えておこう。

　まず「伝道」という言葉を、とりあえず「宗教教育」という広い意味において考える時に、いくつかの問題があることをふまえておかなければならない。

　その第一の問題は、公教育における宗教教育の現状の問題である。「教育基本法」の第15条第1項には、

　　宗教に関する寛容の態度、宗教に関する一般的な教養及び宗教の社会生活における地位は、教育上尊重されなければならない。

とされている。この条は旧基本法の第9条から、平成18（2006）年12月15日に改正され同年12月22日に交付・施行されたもので、特に下線部が加えられた。ここに「一般的な教養として」という意味が加えられ、「教育上尊重されなければならない」とされたが、旧第9条では「教育上これを尊重しなければならない」とあったところである。ここに一応は宗教についての尊重は言及されてはいるが、しかしその第2項には、

　　国及び地方公共団体が設置する学校は、特定の宗教のための宗教教育その他宗教的活動をしてはならない。

としてあって、特定の宗教教育はもちろん「その他宗教的活動」は禁止されている。結局はかの憲法第20条第3項の、

国及びその機関は、宗教教育その他いかなる宗教的活動もしてはならない。という規定にしたがって、公立の学校教育における宗教教育は何も行われていないのが実情であるということを知っておかねばならない。

　ただし、筆者はここで公教育に宗教教育をとりいれるべきだと言いたいのではない。前述のような規定があるにもかかわらず、例えば何のためらいも自覚もなく「クリスマス会」等を行っている教師の現状をみれば、現在の学校で宗教教育が行われることの方がおそろしい。われわれが認識しておくべきことは、教育を行う教師自身の多くに、教養としての宗教一般についての正しい知識もなく、ましてや宗教的情操を養うという経験もほとんど無いという現状なのである。

　いずれにしても現在の日本の学校教育（特に公教育）の現場では、人間の基本的な要求である宗教的要求に関する正しい知識や理解等の教育は望むべくもないのであって、宗教的人間形成には全く消極的であることを知っておくべきである。またそこで無理に宗教教育を求めるならば、むしろ簡単に特定の宗教にとりこまれてしまうおそれもあろう。

　さて学校での宗教教育が望めないとすれば、家庭や日常生活においてそれが行われているかといえば、それも否定的に見なければならないというのが第二の問題である。

　すなわち現代においては「宗教的な時間や空間の経験」が失われてしまっているという問題である。これまで、われわれは経験的には日常生活にあらわれる非日常的な空間や時間において、宗教的契機を持ち得たと思う。直接的には寺院の本堂や家庭における仏間・仏壇の前の空間がその場所であった。あるいは深い森に一人で立ち入った時や高い山に登った時に感ずるある種の感情、大いなる自然を目の前にした時の情緒は、宗教的情操の養育にかなり関わっていると思われる。

　そして家屋には「仏間」があり、寺院には「境内」があり、あるいは神社には「鳥居やしめ縄」があって、日常の空間とは区別されていた。かつては

家にも地域環境にも、そして自然の中にも、そのような空間や時間は存在したが、今日そのような経験をすることは、全く少なくなってしまったのではないか。特に都会の住宅の間取りを見ても、快適な居間や台所、浴室等への配慮はあっても、仏壇・仏間の設計についての配慮は少ないようである。また仮にそうした建物や場所、空間や時間が存在していても、それが「宗教的」に意識されることが少なくなったのではないか。

　人間の宗教的要求は、現代においてもパワースポットとして求められたり、スピリチュアルという語で表現されていて、ある意味では人間に本来的なものと考えられるが、このような「宗教的空間・時間」の消失は、一時期に比べれば、若い世代などに、ある種の宗教的要求を強く求める傾向を生ぜしめたと考えられなくはないが、伝統的な宗教は、その要求を満たすための契機や手だてを与えることができず、結局は、いわゆる新々宗教やオカルトの方向にそれを求めていったといえるのではないかという問題を見ておく必要があろう。

　さらに、以上の二つの問題の基底に、もう一つの問題として、われわれに無自覚的に存在している科学的自然観・人間観（世界観）の定着の問題があると思われる。すでに考えられてきたことではあるが、ことに戦後教育において、自然・人文のそれぞれの領域に、科学的教育が積極的に行われた結果、われわれは自然や人間についての科学的・合理的認識を、「普遍的な真理」として無条件にうけいれるという態度が身についてしまったようである。その結果、あらゆる事柄について、「科学的に実証されている」と言われただけで、「誰にでも普遍的に妥当する事柄」であるかのように理解してしまうクセがついているのではないか。そして誰にも代わってもらうことができないこの「私」および「私の存在している世界」をも、単純に「科学」してしまっているのではなかろうか。

　しかしながら、ある事柄について、「科学」が言っているというだけで、何の実験も検証もせずに、その結論を鵜呑みにするのであれば、それは「科

学」を迷信しているのであって、いかにも非科学的な態度ではなかろうか。

　われわれは現代において、自身が無自覚な科学的・合理主義に陥っているのではないかと疑ってみる必要があるように思う。そして科学的人間観や世界観とは、この「私」および「私の存在している世界」についての部分的な真理、あるいは瑕瑾なき説明ではあっても、「私」という存在の全体を根底から見るものではないこと、「私」と「他」とに最大公約数的に妥当するものではあっても、「私」と「他なる私」とを存在自体として見るものではないことを知っておくべきなのであろう。

　そして、ここにあらためて宗教的人間観・世界観の意味を洗い直し、それを現代において現代的に表現しなければならないという課題が存在していると思う。

　またその方法は、具体的にはマクロではなく、むしろミクロな分析を積み重ねるという態度において、仏教的・真宗的になり、かつ有効になると思われるのである。

2　現代における真宗伝道の展開

　上述のような状況をふまえたうえで、真宗の伝道は、現代においていったい何をどのような方向において提示できるのかを教学的・理念的に考えてみよう。

　浄土真宗とは何を意味するかと問われた場合、その基本的な答えの一つとして「選択本願は浄土真宗なり」（『末灯鈔』第一通）と言われるように、阿弥陀仏の「本願の宗教」であると言うことができる。

　そこに救いの根本になる願いとしての本願、すなわち第十八願が中心に据えられるのであるが、『大経』のその願文には「三心」と「十念」が誓われている。つまり「信心」と「念仏」が誓われ、「信じさせ念仏させて必ず救う」とされているのであるが、釈尊はこれを「本願成就文」に説き述べて、

82

「その名号を聞きて信心歓喜せんこと乃至一念せん」と示される。このことは、第十八願文には信心と念仏が誓われているが、救い（往生即成仏）の因となるのは信心一つであることを示し、念仏するということは、私が名号を称えること（称名）ではあるが、「称える」私の力が救いの因となるのではなく、称えられる「名号」の功徳（力・はたらき）を聞く（聞信する）ところに救いが成立することを示されていると見るのが真宗（親鸞）である。

　では「その名号を聞く」という場合の「聞」とは何を聞くのかといえば、親鸞が『信巻』に、この「聞」を釈して、

　　　しかるに『経』（大経・下）に「聞」といふは、衆生、仏願の生起・本
　　　末を聞きて疑心あることなし。これを「聞」といふなり。

と示している。すなわち「聞」とは、一には「仏願の生起を聞く」ことであり、二には「仏願の本末を聞く」ことであると言える。

　その「仏願の生起を聞く」とは、如来の本願が起こされた理由を聞くこと、つまり自らの力では決して迷いの世界を出ることのできない凡夫・衆生である「私」を救うために起こされた本願であると聞くことになる。言いかえれば、如来に見られたこの「私」および「その世界」を聞くことであって、そこに如来の人間観・世界観が示され、私たち凡夫の現実の相が示されていることになる。

　また「仏願の本末を聞く」とは、本願の因と果を聞くこという。つまり如来は法蔵菩薩の位にある時に、本願を起こして永劫の修行を積まれ（因）、ついに正覚を成就して必ず救う力、すなわち名号となって（果）、現にこの私たちにはたらき続けていると聞くことである。言いかえれば、如来の救いの有り様を聞くことであって、そこに如来の救済が示され、私たち凡夫のあるべき相が示されていることになる。

　そしてこれが真宗の救いの要であるとすれば、そこから展開される真宗伝道とは、「如来の人間観・世界観（人間の現実のすがた）とその如来の救済（人間の理想のすがた）を伝えること」であると言うことができる。

ではこのことを、今度は本願を聞信し信受する衆生（私）の立場から考えてみよう。親鸞は『愚禿鈔』(6)に、

　　本願を信受するは、<u>前念命終</u>なり。「即ち正定聚の数に入る」（論注・上意）と。
　　即得往生は、<u>後念即生</u>なり。　　　　　「即の時必定に入る」（易行品・16）と。
　　　　　　　　　　　　　　　　　「また<u>必定の菩薩</u>と名づくるなり」と。

と示している。この「前念命終」とは、直接的なこの身体の臨終をいうのではない。覚如が『執持鈔』(7)に、

　　<u>平生のとき善知識のことばのしたに帰命の一念を発得せば、そのときをもって娑婆のをはり、臨終とおもふべし。</u>

といい、存覚が『浄土真要鈔』(8)に、

　　いまいふところの往生といふは、<u>あながちに命終のときにあらず</u>。無始以来、輪転六道の妄業、一念南無阿弥陀仏と帰命する仏智無生の名願力にほろぼされて、涅槃畢竟の真因はじめてきざすところをさすなり。

というように、この身このままで「本願を信受する時」に「命終わる」のである。

　このことは教義の上から言えば、現生のこの「私」の浄土往生・成仏（救済）について、それを自力によって成立せしめるということが絶対的に否定されることを意味する。言いかえれば自身の往生・成仏については、「私」が「私の力」に絶望することを意味するといえる。

　しかし一方で、この「私」の命は同時に「後念即生」と生まれかわると示される。この身は必定の「菩薩」の位になり、かならず最高の仏陀に成る身に定まるのであるから、現生のこの「私」が絶対的に肯定されることを意味する。言いかえれば私に大いなる歓喜（よろこび）が与えられることを意味するといえる。

　ひるがえって、この「前念命終・後念即生」の論理から展開される真宗伝道の基本的要素とは、その「＜絶望＞と＜よろこび＞を伝えること」であると言うことができると思われるのである。(9)

　真宗伝道の方法としては、今日においては、多種・多様なメディアを利

84

用できるし、いわゆるICT（Information and Communications Technology）やSNS（Social Networking Service）、またAI（Artificial Intelligence　人工知能）等の展開もいよいよ本格的・生活化して来るのではあろうが、真宗伝道の本質的な意味においてはずすことができないのは、この宗教的絶対否定（言いかえれば「絶望」）を提示することであり、同時に絶対的否定を超えて絶対的肯定の領域である確かな救済（言いかえれば真実の「よろこび」）を伝えることであるといえよう。

　そして現代における真宗伝道は、形式的にはよりパーソナルな方向に向かうように思われるが、マクロからミクロへの媒介となる概念や言語を用いることによって、救いの意味はリアリティを回復し、真宗伝道の可能性を高めてゆくことができるのではないかと思われるのである。

（1）　この第2項は旧9条と新15条で変更はない。
（2）　『末灯鈔』第一通（『浄真全』2－779頁／『註釈版』737頁）
（3）　『浄真全』1-25頁／『註釈版』18頁
（4）　『浄真全』1-43頁／『註釈版』41頁
（5）　『浄真全』2-94頁／『註釈版』251頁
（6）　『浄真全』2-288頁／『註釈版』510頁
（7）　『浄真全』4-239頁／『註釈版』866頁
（8）　『浄真全』4-493頁／『註釈版』968頁
（9）　この「絶望」ということに関連して、少し古い資料ではあるが、作家・曽野綾子氏の文をあげておきたい。それはあの「浅間山荘事件」の後、朝日新聞の昭和47（1972）年3月26日号）に書かれたもので、朝日新聞の日曜版に連載されていた氏の「台所のスキャット」というコラムの最終回に掲載された「なぜ絶望を教えないか」と題される文章である。少し長くなるが示唆に富んだ文章であるから原文をここに転載しておこう。
　　「なぜ絶望を教えないか」曽野綾子
　　「あさま山荘」の事件のあと、私は一、二のマスコミ関係から、印象をきかれた時、日本の教育が実体を失っていた、そして青年たちの親も悪い、という意味のことを

言った。

　事件を起した時、気の毒な親を非難することのいたわりのなさと無意味さは私もよく知っている。そんなことは重々知りつつ私はそう言ったのであった。

　一般的な言い方をすれば、私は青年たちのご両親が教育不熱心だったなどとは決して思っていないのである。そのほとんど全員が、能力もあり、社会的にも立派な活躍をされており、道徳的でもあり、子供に優しい（時には厳しい）いわゆる良識ある親御さんだったろうということを疑わないのである。

　ただ一つだけ、もしかするとこのような親たちに限ってされなかったのではないかということを、私は考えていたのだった。

　この親御さんたちは子供たちに、根も葉もある「絶望」を幼いうちから教えられただろうか。社会も人間も、共に根底にあるのはとめどのない矛盾であり、その絶望的な部分を正視することによって、初めて実質ある希望が生まれて来るように、私は思うのである。絶望の裏づけのない希望などというものを、私は信じられない。

　親たちの教育よりも、しかし大きな責任を持たねばならないのは、戦後の「民主教育」であった。その実体のない、希望に浮かれた熱病のような明るさは、いい面もあるが、人間を犯す部分も持っていたように思う。

　みんないい子。誰もが同じ。これは希望を述べた言葉である。しかし現実をあらわしてはいない。そうあるべき姿として「みんないい子であり、だれもが同じ」であることを望むだけなのである。むしろこの言葉が生まれたのは、現実が決してそのように理想的ではないからであった。「世の中、マチガットル」という流行語は使うと楽しいが、「まちがっと」らなかった世の中など、いつの時代のどこにあったのだろう。中には、外国に幻を求め、日本にないものでも、外国にはありそうに思う人々もいる。しかし人間がごく普通の意味でばく然と人間的である限り、世の中が完全に正しくなることなどあるはずはない。

　私たちはまず深く絶望していいのではないだろうか。民主主義などというものも、決して輝ける理念ではなく、人間の即物的エゴとエゴとを、いかに共存させて行くかということについての、苦肉の策であったと思う。人間はだれもが多かれ少なかれ昏（くら）く、あやしげで、卑怯（ひきょう）である。そのような人間が作る社会もまた当然、不備である。それでもなお、というか、それこそが、私が属することを許され、強制されている社会なのである。

　自分も社会も、本来絶望を出発点としているというふうに考える時、青年たちは、あれほどに際立った形で、それに反逆しようと考えただろうか。いや人間には決して、これが完全と言い得る社会状態など決定できないことが、（現実の問題として）確認できていたならば、彼らは果してあのような過激な行動に出たろうか。

　彼らは、自分たちの受けて来た「みんないい子」式のねこなで声の教育の結果がうそっぱちだったことがわかった時に初めて牙（きば）をむいたように見える。もしも彼らの回りに、現世でいいと評価されていることにも疑いを持ち、ざ折をも一つ確固とした生涯だと思うような柔軟な生き方を、身をもってしている人々がいれば、彼らも深い絶望のふちから眼をあげて悲しみにみちて、空を仰ぐこともできたはず

である。

　彼らに、本当に絶望することを—絶望することに絶望してはいけないことを—さえ教えられなかった私たち大人たちの責任は大きい。

という文章である。

第7章　真宗伝道における説教の構成

1　『法華経』の三周説法

　真宗における伝道という場合、現在においてもやはりすぐに説教・法話を連想する人も多いことであろうし、それはいまだ主たる伝道として行われていることでもある。よってここでは、伝統的に行われてきた真宗の説教について、その基本的な構成を確認しておきたい。

　仏教における説教の構成、ことに真宗のそれにおいては、その基礎を『法華経』の「三周説法」に求めることができると指摘される[1]。その「三周説法」とは三度めぐって法を説くという意味であるが、仏が『法華経』の迹門（仏が本地・本門をまだ説かない間、すなわち『法華経』の前十四品）を説くについて、仏弟子らの素質・能力の上・中・下に応じて、三回にわたって反復説法し、ことごとく領解させて成仏を授記したことをいうものである。

　その三周の説法とは、

（1）法説周…仏が上根の人のために、直ちに諸法実相である十如の理を説き、三乗一乗の法門を説いて一乗に入らしめた一段をいい、「方便品」に示されるところである。この時、領解し授記されたのは舎利弗ただ一人であった。

（2）譬喩周…次に仏はさらに中根の人のために、羊鹿牛の三車と大白牛車一車の譬喩、すなわち火宅三車の譬喩を説いた。これは「譬喩品」に示されるところであるが、しかしこれを領解したのは、中根の迦葉ら四人の弟子にすぎなかった。

89

（3）因縁周…そこで仏はさらに下根の人のために、三千塵点劫の昔の大通
　　　智勝仏の因縁を説いてねんごろにさとされた。これは「化城喩品」に
　　　説くところであるが、この時はじめて富楼那等の千二百人の下根の者
　　　が領解し授記された。

という三度の説法をいう。この三周とはそれぞれが別の説法というのではなく、
「法説」で領解できない者には「譬喩」を示し、譬喩で領解がかなわない者
にはさらに「因縁」を説くというように三重の構造になっているものである。

　そしてこの三周の構成を応用して、前段に「讃題」の段を置き、後段に結
勧（結弁）の段を置いて結べば、伝統的な説教の五段の構成ができあがる。
この構成は江戸時代に、ことに真宗において創造され、説教の組立て・構成
の固定した型（形式）として伝承されてきたようである。またこの型は澄憲・
聖覚を祖とする安居院流の系統をうけるもので、おそらく近世初期にはこの
基礎的な型はできあがっていて、また日本人の話し方（雄弁術）の奥義とし
ても貴重な遺産であるとも指摘されている。

2　説教の形式上の構成

　真宗説教の型として、現在に至るまで多く用いられる五段の構成（譬喩・
因縁を一段にまとめるなら四段）を示せば次の如くである。
（1）讃題…一座の説教の主題（テーマ）として、法話内容を表す聖教の一
　　　節を読み上げる最初の段。仏徳讃嘆の主題という意味で讃題という。『和
　　　讃』や『和語聖教』、『正信偈』等から引用されることが多い。
（2）法説…讃題の法義を噛みくだいて解説する段。ただし「三周説法」に
　　　おける「法説周」は上根の人のために、ただちに法を説くことを言う
　　　のであるが、いまはそれとは内容を異にしている。
（3）譬喩…前段の讃題や法説に説かれた教法をより理解（領解）しやすくし、
　　　また興味のわかないものをより興味深くなるように表現して、聴者にとっ

てより身近で具体的にするための譬喩を語る段をいう。ただし「三周説法」
でいう「譬喩周」は、直接は中根の人のために三車・一車にたとえて
三乗・一乗の法門を説くことを言う。

（４）因縁…讃題・法説を証明するための具体的な事例・実例を語る段。「三
周説法」の「因縁周」は下根の人のために因縁談を示し、はるかな昔
に大通智勝仏のもとで妙法を説いたことを言う。

（５）結勧（合法）…一席の説教・説法を法義に合わせて（合法）結び、信を
勧めるしめくくりの段。

　このことを真宗以外も含めて広く説教法・布教法の指導書等において確認
してみると、例えば布教・伝道に関する一連の著作がある浄土宗の中野隆元
著『説教講演の仕方』には、「説教講演の組織」として数種の形式をあげながら、
五段式として上の五段をあげて、

　　此の五段式こそは、正式の説教形式であって、この組織は、もと釈尊の
　　説法の形式を真似て末徒が伝承し、古来各宗末徒の正式と成ったもの
　　である。…即ち始めに讃題として、経典、法語等の文句を置き、此れを
　　解説するために法説を為し、更に理解せざるもののために譬喩を設けて
　　説明し、更に、因縁談を加へ、因果の理法を実際的に知らしむる事実談
　　を以て感銘せしめ、此等を綜合して結論を与へて入信を勧めるのである。
　　此れ即ち結勧である。

と解説している。[4]

　また落語の祖といわれる安楽庵策伝を出した、浄土宗西山深草派の教学部
発行である野々山龍全著『布教法の研究』（昭和８年発行）には、内容構成
について解説する中に、「古来より我国の説教師達によって言ひ伝へられた
る因襲的組織法に依りて、順次研究の歩を続けてみよう」として、説教の組
織を大きく序分・正宗分・流通分の三段に大別する中をやはり五段に分け、「讃
題、序弁、法説、譬喩・因縁、勧結」としている。[5]

　この「序・正・流通」については、多くの布教法・説教法書が、まず経典

のごとくこの「序・正・流通」の三分・三段で語るべしとするが、例えば大谷派恵空の『小僧指南集』に、

> 一座の説法は一部の書を作ると思ふべし。されば、序・正・流通の分斉、その心得あるべし。…勧化は機により時に順じて、定まる法とては有るまじき事なれども、序・正・流通の心得あれば、説く姿も浮かれず、義もしまりて、しとしとと聞こゆる也。

等というのは、その代表的なものである。

さて同じく五段の構成において説教法を語りながら表現を異にするものに、真宗の大河内秀雄著『教導法』(昭和8年刊)がある。それによると、話には「秩序、連絡、統一、変化、帰結という五事を具備せねばならない」とした後、

> 此の五要件を具へながら、しかも囚はれず、括られず、自由に陳べるには何ういふ風に組織すれば好いかといふと、編者の経験から云へば、
>
> 　　題、序、解、引、結
>
> と組織するのが最も善い様である。
>
> 　先ず題を出して、聴衆にこれから謂はんとする方向を知らしめる。聴衆はこれに依ってその説演の方向が解るから、その方に意興を集中して来る。そこへ直ぐ題の解釈をしに掛かると、講義になってノンビリした気分が無くなるから、そこへ序弁を出して一寸ゆるみを与へ、それから徐々に題の解釈を試みる。ここで充分に連絡、統一を計るのであるが、兎角文義や、理論といふものは固くなり勝ちなものであり、また安心の極致は紙一枚、毛筋一本の差で正ともなり邪ともなり、決得、未定ともなるのであるから、自然同じ様な言詞が繰り返さるる。そればかりやっている居ると、如何にもヒッツコク、ウルサク感じるから其処へ一変化を起こすべく引を出す。引とは引事で、譬喩なり例話なりで方向を一寸転換させ、気分を変へるのであるが、然りとて夫れが主では無いから、或る点迄陳べたら教導の主眼たる本題に合法、総結して終わるといふのが最も具合いの好い組織であると思ふ。

と、五段の表現は「題、序、解、引、結」となっているが、その内容は最初
に示した「讃題、法説、譬喩、因縁、結勧」の五段法と重なるものであるこ
とがわかる。

　また禅宗のものとして加藤咄堂著『応用説教学講義』（明治36年刊）があるが、
この書にも、

　　　説教の形式上の要素は、「一　讃題、二　法説、三　譬喩、四　因縁、

　　　五　結勧」といふのが殆んど一定したる要素で、右列挙した順序によっ

　　　て説くのを正式とし、讃題と結勧とは前後にあるが、中間の三を或いは

　　　因縁を先にし、或いは譬喩を先とするやうにするのを変式としてある。

と、やはり五段法を基本に述べているのである。

　以上のように説教の形式上の構成については、やはり多くのものが序・正・
流通の三段法を基礎とした五段法を説いていることが知られるが、このこと
を実際の説教書において確認してみよう。

　この方面の研究の第一人者である関山和夫氏が、明治・大正期の説教を知
る上で最も重視すべきものとして採りあげるものに、広島豊田郡大河内村の
本願寺派・光泉寺の僧である木村徹量氏の『信疑決判説教』がある。四六判
548頁の著で、5日間にわたる30席・250項目の説教を見事に整理して収録し
た説教本として、昭和に入ってからも永く説教者の題材資料本（種本）とし
て大いに活用されたものであるという。

　その内容からして大正時代の説教も、ほとんど全てが江戸時代から伝承さ
れたものであることがわかるというが、例えばその二日目朝席前席の説教を
見ると、まず（1）讃題に『正信偈』の「還来生死輪転家　決以疑情為所止
速入寂定無為楽　必以信心為能入」の文を引き、（2）法説にそれを承けて
前二句を穢土の因果、後二句を浄土の因果と説き広げる。穢土の果、人間界
の相を曇鸞大師を引いて「虚偽の相、輪転の相、無窮の相」と示し、その顚
倒不浄の相に大悲が起こると開く。

　そこで（3）因縁談を語るに、『史記』の列伝に出る名医・扁鵲と斉の桓

93

候の故事を語って、名医・扁鵲が桓候の大病を見抜き何度も治療を勧めたが、桓候は扁鵲を信用せずついに大病を患って死したことを述べ、大医王の釈迦、八万四千の法門の説法、応病与薬の南無阿弥陀仏の易行道に合法する。

さらに聖浄二門、頓漸二教を出して二双四重の教判を語るのに、（4）譬喩を用いて開説する。すなわち竪出・竪超、横出・横超を説くについて、一本の竹の中に虫が居るとし、竹の下の方から上の先まで、何十の節を食い抜けるが竪出、ひと飛びに竪に飛ぶが竪超とたとえて、根気と力がなければかなわぬことといい、竹の虫が横に抜けて外に出るのを横出と横超とにたとえる。

そしてこれらをあらためて二双四重に（5）合法し、桓候の故事と正念往生の行者、臨終に心の乱れやすきこととを相応させて、本願円頓一乗の無上の妙法である南無阿弥陀仏の易行の大道を勧めて結ぶ（結勧）というように、やはり五段の構成となっていることが知られるのである。

3　説教の興味上の組み立て

ところで、この五段の組織をさらに大きく分けてみれば、讃題（テーマ）から始まる話を法説で承けて導入部とし、譬喩・因縁を中身として、結勧をもって結ぶという三部の構成と見ることができる。これを説教者・布教使たちは興味上の組み立てに重ねて「はじめシンミリ（讃題・法説）、なかオカシク（譬喩・因縁）、おわりトウトク（結勧）」などと表現して伝承してきたというのである。[10]すなわち厳粛な切り出しと尊厳なる結びの間に、聴衆に身近な題材、興味をひかれる話材、日ごろ関心の深い多くの逸話を挿入して、全体の話に抑揚をつけて構成するという技術・工夫も磨かれてきたのである。

同様の興味上の構成を示すものに「鬼が屁こいて笑うて死んだ」という表現もある。[11]以下その内容を見ると、

　　まず「鬼」とは、讃題が終わってすぐかぶりつくごとく、聴衆の荒肝を抜くという語り方が鬼である。…立ち会い負けせぬ様、まず鬼を出し

94

て聴衆を呑んでしまい、自家薬籠中の物としてしまうのである。…聴衆を呑むとは、必ず法義上、安心の上に於いて、荒肝を取る様語り込むべし。

　次に「屁をこいて」とは、叱ったあとは必ず「ぬく」と云うことが無くてはならぬ。これがないと前の鬼が鬼の用をなさず、一種のおどしになるのみである。…はじめに叱りとばした鬼を消してしまうのである。

　次に「笑うた」とは、先に叱られた分は「ぬく」で取り返されたが、これでは説教が陰気になり、聴衆は気が堅くなり、肩が凝る。そこで笑いを出して、心機一転させるのである。…

　最後に「死んだ」とは、いよいよ一大事の後生にかけ、仏の大悲を与える安心を云うことで、説教を終わり、後を結ぶのである。

等と示されている。実に興味の高低をはかり、抑揚をつけて話を印象的味わえる構成上の工夫というべきであろう。

　上述したように、真宗の説教の構成については、やはり五段の組織を基本として現在にいたっていると言えようが、譬喩と因縁を一段にくくれば四段となり、いわゆる起・承・転・結の四段法に相応するものにもなる。多くの新聞に四コマ漫画が掲載されていたり、音楽で言えば、サビの部分を山とする二部形式（A—A'—B—A'）の曲が多いのも、長い歴史の中で淘汰され工夫・洗練されて伝わったところの、聴聞・見聞する者が落ち着く型として定着していったものであると言うことができるのであろう。

（1）　山本仏骨「布教実習」（本願寺派布教研究所編『布教法入門』所収・1961年）、遠藤了義「布教法講義」（同上『布教法入門』273頁）、関山和夫『説教の歴史的研究』（法蔵館・1973年）385頁以下参照

（2）　龍谷大学編『仏教大辞彙』巻4「三周説法」の項参照

（3）　関山和夫・前掲『説教の歴史的研究』385頁、同『説教の歴史－仏教と話芸－』（白水Uブックス・1992年復刊）34頁

（4）　堀口一宇編『真宗説教講演全集』第1巻163頁

（5）　野々山龍全『布教法の研究』54〜5頁

（6）　『続・真宗大系』巻17・225頁

（7）　大河内秀雄『教導法』（138〜139頁）

（8）　加藤咄堂『応用説教学講義』55頁

（9）　関山和夫・前掲『説教の歴史的研究』364〜365頁

（10）　関山和夫・前掲『説教の歴史―仏教と話芸―』36頁

（11）　遠藤了義「布教法講義」（前掲・本願寺派布教研究所編『布教法入門』276頁以下参
　　　　照

第8章　真宗伝道学の先行研究

1　真宗伝道研究史の概観

　真宗の伝道について、真宗の教法を伝え、伝わる営みと定義した場合、真宗学における伝道学以外の分野、すなわち教義学、教学史、教理史における研究は、全て真宗伝道に関する研究に位置づけることができる。またそれだけでなく仏教学、ひいては宗教学、あるいは学際的な交渉を持つ他分野の研究も真宗伝道に関する先行研究と位置づけることは可能ではあるが、そこまで研究対象の領域を広げてしまうと、真宗伝道学はあまりに広漠たるものになってしまう。すなわちその範囲や枠組みを広げすぎれば、真宗伝道の研究は、実に漠然としたものになって、むしろその研究の意義は薄くなってしまうと思う。したがって真宗伝道学としての先行研究の取捨選択は決して容易ではない。

　そもそも、真宗内における「伝道」の語の使用については、明治期の島地黙雷氏、赤松連城氏において既に認められるようであるが、正面から「伝道」の語が使用された本格的な学術研究として注目すべきは、それよりも時代が下った大正期の梅原真隆氏の研究と考えられる。

　また真宗の伝道という場合には、やはり親鸞の思想にもとづくことが基本であると考えられるために、ここでは親鸞の思想にもとづいて伝道を教学的・理論的に考察した研究を中心に整理し、時代・年次を追ってその主なものをあげて、解説を付しておこう。

■01　梅原真隆「讃仏乗と同朋愛—親鸞聖人の伝道について—」

（『親鸞聖人研究』23号、1923年）

　梅原氏は、余の人々を縁として念仏をひろめることを否定した消息（『浄真全』2-841頁／『註釈版』772頁）から、親鸞の伝道とは、如来の教法がそれ自身の内的な発露によってひろまるものであり、外的な凡小のはからいでひろめるのではない。すなわち、名号が十方に響流することで自信がそのまま教人信となり、自利がそのまま利他となって流出するものとした。このとき、凡小においては人師の観念はなく、あくまで同朋愛と讃仏乗があるのみと指摘した。

　この研究は、親鸞の「伝道」という語を含む理論的研究の初期に位置づけられるものと思われる。

■02　八雲円成「教化者としての親鸞聖人」（『龍大論集』365・366号、1960年）

　八雲氏は、親鸞思想にもとづく「教化」とは、名号を聞信領解せしめ、信後の報恩行によって展開すると指摘する。ただし、親鸞が「和国の教主」とした聖徳太子の精神から、平和な文化社会、福祉国家を具現せしめ、報恩生活を具現して平和な文化社会福祉国家を建設せしめることが教化の本義であると位置づける。

　この研究は、「教化」についての研究であるが、教法の伝播ということ、名号領受と報恩行への展開という点で「伝道」に重なり、伝道研究の初期のものと位置づけることが可能であるが、時代の要請からか、教化によって平和な文化社会福祉国家の建設を目指すという社会的な視野をもった研究であるといえよう。

■03　金子大栄「教化の諸問題─教化の精神・方法・場所─」
（初出は、『教化研究』45号・1964年、また『聞思の人④金子大栄集（下）』
東本願寺出版・2015年に収録）

　金子氏は、真宗の教化は自信教人信の構造を持つが、自信と教人信は同一
の道であって、教化の精神も、説く者と聞く者が一つの心になって、教えを
聞き化益されるものとする。したがって教化の方法においても、説く者が自
己の思いのままに領解を説くという面がある一方で、聞く者に応じて平易か
つ臨機応変に行う必要があるとも述べる。
　また、説法の場所に規模の大小があっても、どのような聴衆がいるかを意
識すべきこと、また質疑における問いの真意を尊重すべきこと、聞く者を尊
敬すべきこと等が肝要であるとし、具体的な説法教化の姿勢について言及する。
　この研究は、真宗伝道の構造把握から、さらに進めて、主に口演説法の場
面において、自信教人信という精神がどのように具現化されるべきかを考察
した研究であるといえる。

　さて次に、1970年に龍谷大学において真宗伝道学が開講され、1974年には
雑誌『伝道』（浄土真宗本願寺派伝道院）が創刊され、「伝道」の語が宗門内
で普及し始める1970年代を境に、次第に「伝道」の語を冠した研究が見られ
るようになってくる。

■04　奥田謙敬「宗学と伝道」（『龍谷教学』9号、1974年）

　奥田氏は、宗学と伝道の関係について、宗学は仏願の生起本末を明らかに
するものであり、伝道は、そのいわれを体験させてゆく努力であるという。
そして、信の体験と遊離した単なる概念的な教義学習ではなく、宗学から伝

道、伝道から宗学への絶えざる転換が必要であると述べる。

　この研究は、宗学と伝道に相互の関係を見出して論じ、伝道研究の方法論に言及した初期のものと位置づけることができるであろう。

■05　村上泰順「親鸞における伝道の構造」(『真宗研究会紀要』8号、1976年)

　村上氏は、歴史性を排除し、親鸞の著作から伝道を考察する。そして、伝道は求道を前提としているとして、親鸞における伝道は獲信後の事態であり、信心を根拠とすべきであるとする。また教人信は、度衆生心を含む信心からの必然の展開であり、知恩報徳の益、常行大悲の益によって実現されるものであること、また親鸞の伝道は喜びの行為以外の何ものでもないと結論づける。

　この研究は、梅原氏が「如来の教法がそれ自身の内的な発露によってひろまる」とした内容を、具体的に信心の利益から示したものと位置づけられる。

■06　嬰木義彦「親鸞聖人の伝道態度」(『教団改革』26号、1981年)

　嬰木氏は、親鸞の信には歓喜と悲嘆の構造が見られるとし、その構造こそが親鸞の伝道態度の基調をなすとする。そのうえで、授法者と受法者を前提とする伝道において、主に授法者から受法者への態度を『教行信証』「信巻」の『安楽集』説聴方軌の文、『唯信鈔文意』、『一念多念文意』、『末灯鈔』等から述べる。

　この研究は、真宗伝道の構造だけでなく、授法者の具体的姿を示そうとしたものとして注目される。

■07　広瀬龍城「親鸞における伝道の本質」(『伝道院紀要』25・26号、1981年)

　広瀬氏は、梅原氏によって若干の指摘のあった『恵心尼消息』第五通を考

察対象に加え、同消息における自信教人信の意義を考察して、親鸞の伝道が「衆生利益」のための自信教人信の利他教化の実践であり、その根拠が願作仏心・度衆生心の信心にあることを指摘する。そして、関東移住の目的、伝道の時期、伝道の原点、伝道の本質を考察し、親鸞における伝道とは、衆生利益を目的とした自信教人信という利他教化の実践であり、弥陀の本願名号を宣布することによって、如来の大悲を普く人びとに伝え教えて信ぜしめ念仏を行じせしめることにあったとする。

　この研究は、これまでの教学的・理論的考察ではあまり注目されてこなかった『恵信尼消息』を検討対象とし、親鸞の思想および行実から親鸞における伝道の意義・目的を考察した研究として注目される。

■08　岡亮二「親鸞と伝道」
（矢田了章編『龍谷大学仏教文化研究叢書　真宗伝道の課題と展望』所収、永田文昌堂・2008年、『教団改革』26号、1981年に初出）

　岡氏は、真宗伝道の基礎概念となる「自信教人信」について、『教行信証』「信文類」に引用されている善導の『往生礼讃』（『集諸経礼懺儀』）との違いに着目する。すなわち『往生礼讃』（初夜偈）では「大悲伝普化」とある「伝」の字を、『教行信証』「信文類」では「大悲弘普化」とした親鸞の意図を意識することが伝道を考える上で必要であるとして、教法は大悲自体のはたらきによって伝わるということを述べた研究と位置づけられる。

　ここまでの研究は、親鸞の思想・教学そのものから、伝道の構造を解明しようとする立場にあることが分かる。このような研究に一定の蓄積が見られて来ると、真宗伝道の学的な体系をも構築すべき旨の指摘が次第に顕著になってゆく。

■09　池田勇諦「真宗教化学の原理」(『同朋大学論叢』44・45号、1981年)

　池田氏は、真宗の教法伝播の構造を、第十七願の諸仏称名と第十八願の衆生聞名の呼応性にあるとして、仏と衆生、善知識と弟子の出遇いの構図を見出そうとする。そして、伝道ではなく「教化」という名目について、主体（師・善知識）・客体（弟子）・内容（教法）という三の要素を契機として体系化を試みている。

　この研究は、第十七願と第十八願の関係によって「教化」の学的体系を示そうとした新たな切り口での研究として位置づけられる。

■10　池田勇諦「自信教人信―真宗教化の位置―」

(『同朋大学論叢』49号、1983年)

　池田氏は、自信教人信の自信とは、個人性を視座とした聖への関わりという縦の側面であり、教人信は社会性を持った世俗の横の側面であると分析する。したがって、具体的には自信教人信する人間は、必然的に僧伽を現前させ、僧伽に参加せしめられていくのであるから、真宗の教化は、教団・教化・教学の有機的関連性が顧みられなければならないとする。

　この自信と教人信を縦（聖）と横（俗）とで捉えるところ、また自信教人信を媒介に僧伽（教団）の領域まで言及されるところが注目されるものである。

■11　上山大峻「真宗伝道論」(『教学研究所紀要』7号、1998年)

　上山氏は、真宗伝道において、理論、方法、歴史が学問的に体系づけられていないという現状から、伝道を学問としての構築する必要性を指摘し、伝道の原理と歴史、教団伝道の現状と課題を広くとり上げ、伝道の実際における表現方法、他宗や諸思想との関係、伝達方法、対象、教団の役割等を横断

的に述べる。

　特に、浄土真宗への帰属者以外への伝道（「外部伝道」）について、ほとんどなすところがない現状は危機的であることを指摘している。

■12　常光香誓「浄土真宗における伝道の課題（一）」

（『教学研究所紀要』7号、1998年）

　常光氏は、伝道研究における他の諸分野の研究成果の導入と、それにもとづく学際的学問方法が要請されるという点、また真宗の布教伝道が、いまだ学的に理論構築がなされていない点を指摘し、その原因を現代思潮と社会構造の現状認識の欠如にあるとした上で、その反省と改革に言及する。

■13　深川宣暢「親鸞における伝道の基礎的考察」

（『真宗学』99・100号、1999年）

　深川の本論考は、親鸞の伝道に関する理論と行実について、「衆生利益」（利他教化＝伝道）の語に注目し、伝道は自利利他の二徳を備えた信心の人において成立するが、その主格は仏・菩薩であること、往相においては「弟子一人ももたず」と言われるところから、凡夫が意識して直接に行うものではないが、衆生は信心の利益によって、仏の功徳を讃嘆するところにおいてのみ伝道の可能性を見ることができることを指摘し、親鸞の著作から、つまるところ伝道とは「信心を得た人が、報仏恩のために、仏の功徳を讃め、念仏を申し、名号をとなえ、念仏申して十方の有縁に聞かしめること」であると、伝道の意義を述べている。

■14　葛野洋明「釈尊の説教「応病与薬」と浄土真宗の伝道」

（『印度学仏教学研究』50巻第1号、2001年）

葛野氏は、『尊号真像銘文』の「即嘆仏」「即懺悔」「発願回向」に付された「なると也」、「になるともうすなり」の訓点から、伝道の主体はどこまでも如来に置くもので、衆生が他の者に伝え念仏を行ぜしめることはあり得ないとして、釈尊の説教である「応病与薬」を真宗伝道の典拠とすることの問題点を指摘する。

■15　深川宣暢「親鸞教学における伝道の今日的課題と可能性」

（『真宗学』105・106号、2002年）

　深川は、親鸞の思想から真宗伝道の構造を明示し、伝道の意義を「如来の人間観・世界観（人間の現実のすがた）とその如来の救済（人間の理想のすがた）を伝えること」と示した。また、現代における真宗伝道の課題と可能性について、公教育における政教分離と宗教教育を担う人材の問題、家庭生活における宗教的な時間・空間の喪失という問題、我々に無自覚的に存在している科学的自然観・人間観（世界観）の定着の問題があることを指摘し、曽根綾子氏の「なぜ絶望を救えないか」という文章を例にあげて、真宗伝道の本質が、宗教的絶対否定（絶望）を提示し、同時に確かな救済（真実のよろこび）を伝えることにあると提言する。

■16　長岡岳澄「真宗伝道学における研究方法について」

（『印度学仏教学研究』53巻第2号、2005年）

　長岡氏は、従来の伝道研究は、文献学的な方法を中心とする真宗学の延長線上に置かれているという問題意識から、「伝道本来の活動的な面を捉える」ために、伝道学は、伝道原理、伝道方法、伝道史から成り立つとして、伝道方法とその具体的内容である伝道者、被伝道者、伝達内容、及びそれぞれのはたらきを対象とすべきとする。伝道を思想・理念からのみではなく、実際

の側面をも含んで研究すべきことに注目した論考である。

■17　葛野洋明「真宗伝道における念仏者の可能性」

（『宗教研究』79巻4号、2006年）

　葛野氏は、伝道における念仏者の位置づけについて、凡夫である念仏者は、他者の信心獲得に寄与することはできないが、信後の如実讃嘆の称名を中心とすることによって、他者に対し善知識となりうるところに教法が伝わる可能性を見出すことができることを指摘する。

■18　矢田了章「親鸞における伝道の意味」（『真宗学』117号、2008年）

　矢田氏は、釈尊における伝道が解脱以降の新たな問題であったのに対し、大乗仏教と親鸞においては利他行としてその教義に内包されているとする。そして、親鸞においては、特に信心未決定者が教法に出遇うために真仏弟子のはたらきと、求道聞法の環境、聞法者を支援する手段・方策が重要となることを指摘する。

　この研究は、特に信心未決定者への伝道のありかたについて指摘したものである。

■19　深川宣暢「真宗伝道学方法論の考察　―真宗教義と伝道学の方法―」

（『真宗学』119・120号、2009年）

　深川は、真宗伝道とは「浄土真宗の教法（宗教的真実とその表現）およびその救済を伝え、広めること」と定義したうえで、それまで不明瞭であった真宗伝道学を「浄土真宗における宗教的真実の表現および救済法の伝達の実際に関する理論や方法を研究する営み」と定義した。また、親鸞の教義・思

想にもとづく真宗伝道の構造を明示し、真宗伝道の要となる第十八願成就文にもとづいて、真宗伝道学の内容、方法、体系を示した。

　真宗伝道および真宗伝道学の定義が示されているところ、また親鸞の教義・思想を基礎として真宗伝道の体系づけがなされているところは、真宗伝道の研究において不可欠な研究となっている。

■20　長岡岳澄「「伝道」と「自信教人信」の関係
　　　―「自信教人信」の理解を通して―」（『宗学院論集』81号、2009年）

　長岡氏は、真宗伝道について、自己の宗教経験・信仰を他者へ伝え、そして導くことと定義し、伝道の方法、組織、儀礼、作法等も視野に入れるべきであるとして広義の定義も設定する。また「自信教人信」を含む『往生礼讃』の諸講録の内容を整理し、宗学では、難中の難である希有法に出遇ったという主体的な受けとめから「自信教人信」が理解されていることを指摘し、この立場からのみでは、幅広い伝道の実際を考察することに限界があると指摘する。

　この研究では、真宗伝道を教義解釈から演繹的に捉えるだけでなく、伝道の実際も視野に含めるべきとの視点から、真宗伝道について狭義と広義の定義が提唱された。

■21　貴島信行「真宗伝道における自信教人信の意義」

（『真宗学』129・130号、2014年）

　貴島氏は、「自信」と「教人信」の意義と関係を考察し、大乗菩薩道の視点に立った上で、特に「教人信」について、信心（菩提心）の利益に根拠付けられた回向の観点から考察する。

　この研究は、宗学の時代から議論されてきた回向の視点から自信教人信を

解釈し、自信教人信は、聴聞によって明らかになる自信と、信の利益から開かれる衆生回向の構造が見られることを明らかにしたものである。

■22　貴島信行「真宗伝道学の基礎的考察　―仏道としての伝道―」

(『真宗学』137・138号、2018年)

貴島氏は、仏道と伝道の関係を中心に考察し、伝道は、名号を領受し成仏道を他者と共に歩み出そうとする道であり、往生成仏の通路を自と他の上に開こうとするところに成立するものであるとする。したがって仏道と伝道は不可分で、伝道は願生行者においては求道から始まる成仏道の必然的展開となるとして、伝道を仏道との関係から考察して、その不可分性・一体性を述べた研究となっている。

■23　玉木興慈「釈尊と親鸞の伝道-浄土三部経の序分に見る釈尊の伝道教化-」
(『真宗学』137・138号、2018年)

玉木氏は、伝道については、釈尊の如き巧みな方法は末法の凡夫に実践が困難であるが、釈尊の説法や親鸞の門弟との応答に見る姿勢から学ぶことができることを指摘して、その内容を考察する。

■24　奥田桂寛「真宗伝道の総合的研究」(学位請求論文、2020年)

奥田氏は、真宗伝道の学的体系を伝道者、被伝道者、伝道内容、伝道方法とし、それぞれの領域を考察するという手法によって、真宗伝道の体系的な考察を試みている。

以上のように、真宗伝道の理論に関する研究は、大正期以降に本格化し、親鸞の思想から真宗伝道の内容・構造が考察されたことに始まり、次に真宗伝道を体系づけるための学的な体系および研究方法自体の考察がなされてきたことが分かる。

　そして近年では、宗学の成果を援用した研究や、真宗伝道を体系的に考察しようとする研究、さらに実践的な立場からの研究が展開して、より広い視野・領域からの考察が展開してきているといえる。

2　伝道学研究の参考文献

　これまでに行われてきた伝道学関連の先行研究について、参考となる文献を分類して示しておく。ただし内容をふまえて分類しているが、各項目間で重なる内容もあるので、重複して掲載しているものもある。その場合は（※）を付して示した。

【研究論文】

〈伝　道〉

梅原真隆	讃仏乗と同朋愛―親鸞聖人の伝道について―	親鸞聖人研究	23	1923
山邊習學	明治時代に於ける佛教傳道布教につきて（※）	現代佛教	105	1933
小松雄道	傳道と現代の社會相	現代佛教	114	1934
細川道夫	親鸞の東国伝道とその限界	日本歴史	81	1955
西光義敞	真宗の伝道とカウンセリング（※）	眞宗研究	9	1964
北西　弘	真宗教団の中世的変貌―「知識」と伝道の問題をめぐって―（※） 大谷学報　47(1)　1967				
宮崎円遵	中世仏教における伝道の問題	日本仏教学会年報	34	1969
金子真補	曇鸞、道綽両祖の布教伝道の態度について（※） 浄土教―その伝統と創造　1972				
金子真補	善導大師の教化伝道について（※）	高僧伝の研究		1973
奥田謙敬	宗学と伝道	龍谷教学	9	1974

柏原祐泉	明治期真宗の海外伝道	仏教研究論集		1975
紅楳英顕	親鸞における己証と伝道	印仏研23(2)		1975
村上泰順	親鸞における伝道の構造	真宗研究会紀要	8	1976
青木晃隆	伝道の意義	講座親鸞の思想	10	1981
岡　亮二	親鸞と伝道	教団改革	26	1981
小池俊文	一般伝道教化（※）	講座親鸞の思想	10	1981
広瀬竜城	親鸞における伝道の本質	伝道院紀要	25／26	1981
原田双栄	いかに伝道するか	講座親鸞の思想	10	1981
藤原凌雪	海外開教伝道（※）	講座親鸞の思想	10	1981
嬰木義彦	親鸞聖人の伝道態度	教団改革	26	1981
池田勇諦	自信教人信―真宗教化の位置―	同朋大学論叢	49	1983
直海玄洋	伝道を考える	真宗教学の諸問題		1983
藤沢量正	伝道についての断章	真宗教学の諸問題		1983
高田慈昭	蓮如上人の伝道教化（※）	蓮如上人の教学と歴史	28	1984
松岡宗淳	現代の伝道教化とカウンセラー的態度	親鸞と浄土教		1986
細川行信	親鸞の東国伝道	親鸞大系	3	1988
朝枝善照	真宗の伝道に関する一考	龍谷教学	24	1989
朝枝善照	仏教伝道史の研究	龍大仏教文化研究所紀要	29	1990
朝枝善照	仏教伝道史の研究（Ⅱ）	龍大仏教文化研究所紀要	30	1991
小島　勝	近代の真宗の海外における伝道組織の研究			
		龍大仏教文化研究所紀要	31	1992
徳永道雄	真宗伝道における具体性の一考察	仏教と福祉の研究		1992
深川宣暢	真宗伝道における教義解釈の問題			
	―中世～江戸初期の「談義本」をめぐって―（※）	真宗学	88	1993
山岡誓源	伝道上の宗教教育学的一考察	真宗学	88	1993
葛野洋明	蓮如上人の伝道	龍谷教学	29	1994
寺川幽芳	親鸞における対面的人間関係―相談伝道の視座から―	真宗学90		1994
徳永道雄	親鸞聖人の報恩観における伝道的立場	真宗学	89	1994
徳永道雄	親鸞聖人における末法観の伝道的立場	龍谷大学論集444		1994
徳永道雄	親鸞聖人の伝道の基本的立場	仏教と人間		1994
徳永道雄	親鸞聖人の真仏弟子釈における伝道的立場	真宗学	91／92	1995
加藤智見	蓮如と伝道	仏の教化―仏道学		1996
武邑尚邦	蓮如上人に学ぶ―伝道と教学―	龍谷教学	31	1996
徳永道雄	親鸞聖人の現生十種の益における伝道的立場			
		龍谷大学論集	448	1996
早島鏡正	蓮如の伝道と教義	蓮如大系	2	1996
篭谷真智子	蓮如、その伝道のすがた	蓮如-転換期の宗教者		1997

朝枝善照	三業惑乱後の地方の伝道教化（※）	仏教教化研究 97／98	1998
上山大峻	真宗伝道論	教学研究所紀要 7	1998
常光香誓	浄土真宗における伝道の課題（一）	教学研究所紀要 7	1998
徳永道雄	親鸞書簡に表れる伝道的立場	真宗学 97／98	1998
本多弘之	文書伝道と対機説法（※）	蓮如の世界	1998
上山大俊	真宗伝道論	教学研究所紀要 7	1999
常光香誓	浄土真宗における伝道の課題（一）	教学研究所紀要 7	1999
武邑尚邦	蓮如上人の伝道	龍谷教学 34	1999
塚田博教	浄土真宗における伝道論	印仏研 47(2)	1999
塚田博教	真宗における伝道論の意義	宗教研究 72(4)	1999
徳永道雄	親鸞聖人の大悲に表れる伝道的立場	真宗学 99／100	1999
深川宣暢	真宗における伝道の基礎的考察	真宗学 99／100	1999
岡　亮二	真宗伝道学の一視点	龍大仏教文化研究所紀要 39	2000
岡　亮二、殿内　恒、伊藤唯道			
	真宗伝道学の一視点（共同研究）	龍大仏教文化研究所紀要 39	2000
葛野洋明	覚如上人の伝道	印仏研 48(2)	2000
高山秀嗣	〈親鸞の伝道〉研究ノート	真宗研究会紀要 32	2000
高山秀嗣	親鸞の伝道	印仏研 48(2)	2000
高山秀嗣	法然と親鸞の文書伝道	宗教研究 73(4)	2000
高山秀嗣	法然の伝道についての一考察	龍大院研究紀要 21	2000
武田龍精	真宗世界伝道の教学的研究		
	―北米・ハワイ開教伝道の課題と将来―（※）		
		龍大仏教文化研究所紀要 39	2000
塚田博教	浄土真宗における伝道の研究	宗学院論集 72	2000
徳永大信	蓮如上人に見る伝道の姿勢	歴史と仏教の論集	2000
深川宣暢	真宗における伝道教材の研究―『叢林集』と『考信録』―		
		真宗学 102	2000
三谷真澄	仏教における求道と伝道	教学研究所紀要 8	2000
青木　馨	本願寺教如の教化伝道について（※）	日本の歴史と真宗	2001
宇治和貴	親鸞における伝道実践の研究		
	―その1　親鸞における「非僧非俗」の構造―		
		真宗研究会紀要 33	2001
岡　亮二、川添泰信			
	真宗伝道論の研究―伝道研究方法論―	龍大仏文研紀要 40	2001
葛野洋明	釈尊の説教「応病与薬」と浄土真宗の伝道	印仏研 50(1)	2001
葛野洋明	浄土真宗の伝道論―世紀を越えたアメリカ開教を通して―（※）		
		宗教研究 74(4)	2001

川添泰信　アメリカ浄土真宗教団の成立とその問題―浄土真宗の伝道の問題―
　　　　　　　　　　　　　　　　　　　　　　　　　　真宗学　119／120　2001

高山秀嗣　法然と親鸞の伝道についての一考察　　　　　宗教研究　74(4)　2001

寺川幽芳　浄土真宗における視聴覚伝道の源流　　　　　　　真宗学　104　2001

浅井成海、深川宣暢　真宗伝道学の研究　―仏教における口演伝道の展開―（※）
　　　　　　　　　　　　　　　　　　　　龍大仏教文化研究所紀要　41　2002

生駒孝彰　IT時代の伝道について　　　　　　　　　　　龍谷教学　37　2002

宇治和貴　親鸞における伝道実践の研究（その2）「非僧非俗」に対する従来の
　　　　　理解と問題点　　　　　　　　　　真宗研究会紀要　34　2002

高山秀嗣　日蓮の伝道と浄土教批判との関わりについて　　宗教研究　75(4)　2002

高山秀嗣　法然・親鸞と末法思想-伝道的視点からの一考察　　眞宗研究　46　2002

徳永道雄　親鸞聖人の悲歎に表れる伝道的立場　　　　　真宗学　105／106　2002

深川宣暢　親鸞における伝道の根拠　　　　　　　　　　宗教研究　75(4)　2002

深川宣暢　親鸞教学における伝道の今日的課題と可能性　真宗学　105／106　2002

内藤昭文　「仏伝」における伝道の姿と意味　　　　　　　龍谷教学　37　2002

森田真円　伝道の課題　　　　　　　　　　　　　　　　龍谷教学　37　2002

浅井成海、深川宣暢、吾勝常行　真宗伝道学の研究
　　　　　―親鸞の人間観と対人援助―　　　龍大仏教文化研究所紀要　42　2003

伊味唯道　真宗伝道と「知識」　　　　　　　　　　　　宗教研究　76(4)　2003

宇治和貴　親鸞における伝道実践の研究（その3）「非僧非俗」の立場から導き
　　　　　出される伝道実践　　　　　　　　　　真宗研究会紀要　35　2003

木村世雄　『蓮如上人御一代記聞書』に聞く真宗伝道の理念　龍谷教学　38　2003

高山秀嗣　＜覚如の伝道＞研究ノート　　　　　　　　真宗研究会紀要　35　2003

高山秀嗣　存覚の伝道　　　　　　　　　　　　　　　　宗教研究　76(4)　2003

高山秀嗣　聖教書写から見た親鸞の伝道　　　佛教大学総合研究所紀要　10　2003

高山秀嗣　源信の伝道　　　　　　　　　　　　　　　　印仏研　52(1)　2003

深川宣暢　善導「二河白道の警喩」解釈の比較研究序説
　　　　　―真宗伝道の基礎的考察として―　　　龍谷大學論集　462　2003

岡村喜史　「御文」による伝道　　　　　　　　　　　　民衆の導師蓮如　2004

高山秀嗣　真宗伝道史研究序説　　　　　　　　　　　　　　真宗学　109　2004

長岡岳澄　真宗学における伝道学の位置付けについて　　宗教研究　77(4)　2004

葛野洋明　真宗伝道における実践論の教義的研究（※）　眞宗研究　49　2005

岸　弘之　現代における伝道の一試論　　　　龍大院文学研究科紀要　27　2005

高山秀嗣　明治初期における真宗大谷派の社会的実践
　　　　　―近代仏教伝道史の観点から―　　　　北陸宗教文化　17　2005

長岡岳澄　真宗伝道学における研究方法について　　　　印仏研　53(2)　2005

深川宣暢　曇鸞教学の伝道的性格　　　　　　　　　　　　真宗学　111　2005

深川宣暢　真宗伝道における譬喩の意義　　　　　　龍谷大学論集　466　2005
山岡誓源　アメリカでの真宗伝道―宗教教育という一つの方法論を通して―（※）
　　　　　　　　　　　　　　　　　　龍大仏教文化研究所紀要　44　2005
上山大峻　現代における真宗伝道の課題　　　　　　眞宗研究　50　2006
葛野洋明　真宗伝道における念仏者の可能性　　　　宗教研究　79(4)　2006
長岡岳澄　真宗伝道に関する一考察
　　　　　―文化的自己観に基づく実証的研究―　　印仏研　54(2)　2006
長岡岳澄　真宗伝道に関する一考察　　　　　　　　宗教研究　79(4)　2006
深川宣暢　真宗伝道における説教の研究―説教の構成について
　　　　　　　　　　　　　　　　　　　　　　　　真宗学　113　2006
大田利生　曇鸞・道綽における伝道教化考　（※）
　　　　　　　　　　　　　　　　　　龍大仏教文化研究所紀要　46　2007
長岡岳澄　真宗伝道に関する一考察―真宗教義における伝道の位置づけ―
　　　　　　　　　　　　　　　　　　　　　　　宗教研究　80(4)　2007
岡　亮二　親鸞と伝道　　　　　　　　　　真宗伝道の課題と展望　2008
岡　亮二　真宗教団の教学・伝道の課題　　真宗伝道の課題と展望　2008
川添泰信　真宗伝道論の研究―近世真宗の伝道―　真宗伝道の課題と展望　2008
岸　弘之　現代における真宗伝道の一試論
　　　　　―伝道と儀礼の関係性を中心に―　　　　真宗学　118　2008
高山秀嗣　親鸞における伝道実践　　　　　　　　親鸞の水脈　3　2008
高山秀嗣　井上円了の伝道　　　　　　　　真宗教学研究　29　2008
武田龍精　親鸞の文書伝道における信心獲得経験の諸相
　　　　　　　　　　　　　　　　　　　　真宗伝道の課題と展望　2008
浅井成海、深川宣暢　真宗伝道学の研究―仏教における口演伝道の展開―（※）
　　　　　　　　　　　　　　　　　　　　真宗伝道の課題と展望　2008
長岡岳澄　真宗伝道に関する一考察―寺院活動に関する聞き取り調査―
　　　　　　　　　　　　　　　　　　　　　　　宗教研究　81(4)　2008
日野慶之　海外開教使「布教・伝道に関するアンケート」の集計と分析（※）
　　　　　　　　　　　　　　　　　　　　浄土真宗総合研究　3　2008
矢田了章　親鸞における伝道の意味　　　　真宗伝道の課題と展望　2008
長岡岳澄　「伝道」と「自信教人信」の関係
　　　　　―「自信教人信」の理解を通して―　　宗学院論集　81　2009
長尾隆司　真宗伝道一考―蓮如における伝道手法―　　印仏研　57(2)　2009
高山秀嗣　蓮如の伝道活動（その１）　　　　　　仏教文化　18　2009
高山秀嗣　蓮如における伝道実践　　　　　　　　親鸞の水脈　6　2009
深川宣暢　真宗伝道学方法論の考察―真宗教義と伝道学の方法―
　　　　　　　　　　　　　　　　　　　　　真宗学　119／120　2009

藤田正知　親鸞の伝道における一考察　　　　　　　　　高田学報　97　2009
高山秀嗣　蓮如の伝道活動（その２）　　　　　　　　　仏教文化　19　2010
高山秀嗣　蓮如の伝道活動（その２）　　　　　　　　　仏教文化　19　2010
田中ケネス　真宗の英語表現と海外伝道―問題点と可能性―
　　　　　　　　　　　　　　　　　　　　　　　現代と親鸞　20　2010
羽田信生　「伝道者」から「求道者」へ　　　　　　　現代と親鸞　20　2010
葛野洋明　現代における真宗伝道の課題　　龍大仏教文化研究所紀要　50　2011
清岡隆文　『御伝鈔』と覚如上人の伝道―東国門徒との関係―
　　　　　　　　　　　　　　　　　　　真宗学　123／124　2011
佐々木隆晃　『末灯鈔』第十四通における伝道教化　　日本浄土教の諸問題　2011
田中ケネス　多様化する現代社会における真宗研究・伝道の姿勢
　　　　　　　　　　　　　　　　　　　　　　　　眞宗研究　55　2011
那須英勝　現代アメリカ仏教徒の宗教観と真宗伝道の課題
　　　　　　―ピュー・フォーラム「全米宗教実勢調査」に学ぶ―
　　　　　　　　　　　　　　　　　　　真宗学　123／124　2011
深川宣暢　伝道学としての真宗人間学　　　　　　　　眞宗研究　55　2011
加茂順成　真宗的伝道―「御文」と「講」の仕組みに学ぶ―
　　　　　　　　　　　　　　　　　　　　　印仏研　60（2）　2012
清岡隆文　真宗伝道上の問題　　　　　　　　　　　　真宗学　125　2012
髙山秀嗣　本願寺歴代宗主の伝道　　　　　　　　中世文化と浄土真宗　2012
深川宣暢　真宗の伝道・説法におけるコミュニケーションの要素
　　　　　　　　　　　　　　　　　　　　　問答と論争の仏教　2012
吉田公平　東啓治の西国伝道　　　　　　　井上円了センター年報　21　2012
葛野洋明　浄土真宗における伝道活動の実践的研究
　　　　　　―統計調査・実地調査を踏まえて―（※）　　真宗学　127　2013
加茂順成　自信教人信一考―教団の声明（せいめい）分析による帰納的理解―
　　　　　　　　　　　　　　　　　　　　　印仏研61(2)　2013
貴島信行　真宗伝道における自信教人信の意義　　真宗学　129／130　2014
南條了瑛　実践的伝道学の一考察―宗教ツーリズム研究の意義―
　　　　　　　　　　　　　　　　　　　　　印仏研　63(1)　2014
奥田桂寛　現代真宗伝道のための基礎的研究―仏教分布からの伝道戦略試論―
　　　　　　　　　　　　　　　　　　　　　眞宗研究　59　2015
奥田桂寛　真宗伝道学体系の一試論　　　　　印仏研　63(2)　2015
奥田桂寛　伝道者としての真仏弟子―真仏弟子釈引文の解釈について―
　　　　　　　　　　　　　　　　　　　　　真宗学　132　2015
南條了瑛　江戸期における真宗伝道の一考察
　　　　　　―宗誓『遺徳法輪集』の霊宝の順番を手がかりとして―

親鸞の水脈　18　2015

藤原ワンドラ睦　『信巻』「悲哉」の真宗伝道学的視点からの考察

宗教研究　88　2015

伊藤顕慈　真宗伝道におけるご縁づくりの一考察　　京都・宗教論叢　10　2016
奥田桂寛　真宗伝道者に関する基礎的考察　　　　　　印仏研　64(2)　2016
釋氏真澄　キリスト教圏での真宗伝道における最初期の取り組み
　　　　　―ポール・ケーラスとハント夫妻の英語讃仏歌―　龍谷教学　51　2016
武田大信　真宗伝道における無常の説示についての一考察

浄土真宗総合研究　10　2016
南條了瑛　江戸期二十四輩遺跡におけるツーリズムの考察宗教研究　89　2016
南條了瑛　親鸞の伝道―鬼の恐怖に対して―　　　　　　東国真宗2　2016
南條了瑛　親鸞と怪異・伝承―鳥栖無量寿寺を事例として―

龍大大学院文学研究科紀要　38　2016
奥田桂寛　親鸞聖人の「自信教人信」に関する一考察　　宗教研究　91　2017
奥田桂寛　真仏弟子釈引文の伝道学的考察
　　　　　―真宗伝道学方法論と善導引文を中心に―　真宗研究会紀要　48　2017
釋氏真澄　鉄条網のなかの浄土真宗
　　　　　―日系アメリカ人強制収容所における仏教伝道―　真宗学　136　2017
南條了瑛　吉崎・山科本願寺参詣者の動向―宗教ツーリズムの視点から―

真宗学　135　2017
南條了瑛　近世東国伝道の一考察―性信前世遺骨譚―　浄土真宗総合研究11　2017
奥田桂寛　真宗伝道における伝道方法の一考察
　　　　　―『親鸞聖人御消息集』（広本）第七通を例として―

真宗研究会紀要　49　2018
奥田桂寛　現代真宗伝道の課題―「違法伝道訴訟」からの試論―

宗教と倫理　18　2018
貴島信行　真宗伝道学の基礎的考察―仏道としての伝道―

真宗学　137／138　2018
葛野洋明　国際伝道論研究の意義　　　　　　真宗学　137／138　2018
釋氏真澄　戦時下における日本仏教のアメリカ化の諸相
　　　　　―強制収容所での真宗伝道―

龍谷大学アジア仏教文化研究センター研究報告書　2018
玉木興慈　釈尊と親鸞の伝道―浄土三部経の序分に見る釈尊の伝道教化―

真宗学　137／138　2018
南條了瑛　近世真宗伝道の一考察―東国における大蛇済度譚―

武蔵野大学仏教文化研究所紀要34　2018
中川結幾　真宗伝道学における寺院活動の研究―評価体制の構築を観点として―

		高田学報	107	2019
奥田桂寛	真宗伝道の総合的研究	龍大院文学研究科紀要42	2020
奥田桂寛	「自信教人信」の研究―「教人信」における「自信」の者の意思―		
		宗学院論集	92	2020
奥田桂寛	近世真宗伝道における円光寺浄明に関する一考察	印仏研69(1)	2020
葛野洋明	異言語間伝道の研究	真宗学	141／142	2020
菊川一道	真宗私塾と初期海外伝道―東陽学寮と信昌閣をめぐって―（※）		
		龍大アジア仏教文化研究センター2020年度研究報告書105	2020
高山秀嗣	親鸞の伝道の機能性	東国真宗	10	2020
南條了瑛	真宗伝道の実践的研究―日本における真宗伝道の具体的展開―		
		龍大院文学研究科紀要42	2020
釋氏真澄	真宗国際伝道の研究―教学のアメリカ化の成立と展開を中心に―		
		龍大院文学研究科紀要42	2020
奥田桂寛	近世真宗伝道における『浄土異聞録』の意義	真宗学	143／144	2021
葛野洋明	伝道の実践的側面に関する研究		
	―伝道環境の劇的変化に伴う伝道方法の可能性と課題―（※）		
		真宗学	143／144	2021
釋　大智	「自信教人信」の教学史的展開	眞宗研究	65	2021
深川宣暢	真宗に伝道および伝道学の展開	真宗学	143／144	2021

〈実　践〉

大原性実	浄土教実践法の展開について	真宗学	6	1952
大原性実	親鸞教に於ける社会的実践の問題	印仏研	1(1)	1952
藤原幸章	浄土教的実践の問題	大谷学報	113	1952
寺倉　襄	真宗行実践の問題	東海仏教	1	1955
石田充之	浄土教の実践論	仏教学研究	12／13	1956
上田義文	竜樹に於ける実践について	仏教学研究	12／13	1956
工藤成性	世親を中心とする唯識の実践論	仏教学研究	12／13	1956
佐藤哲英	日本仏教の実践法	仏教学研究	12／13	1956
普賢大円	浄土真宗の実践法	仏教学研究	12／13	1956
佐々木徹真	親鸞聖人の国家に対する実践	印仏研	6(2)	1958
中岡隆善	善導の実践的立場	佛教論叢	6	1958
普賢大円	浄土真宗の実践論―弘願助正説の意味するもの―	眞宗研究	5	1960
普賢大円	浄土真宗の実践論―特に報恩行の積極性について―		
		龍谷大学論集	36	1960

寺倉　襄　妙好人形成の教学的立場とその実践　　　　日本仏教学会年報　26　1961
雲藤義道　宗教的実践の問題点　　　　　　　　　　　　　　宗教研究　36(3)　1963
藤原幸章　善導の実践論　　　　　　　　　　　　　　　　　印仏研　11(1)　1963
早島鏡正　初期仏教における実践の性格　　　　　　　日本仏教学会年報　30　1965
稲葉秀賢　慈悲の実践　　　　　　　　　　　　　　　　　　親鸞教学　9　1966
雲藤義道　他力信仰における宗教的実践　　　　　武蔵野女子大学紀要　6　1966
西光義敏　実践仏教学基礎論　　　　　　　　　　　　　　龍谷大学論集　385　1968
藤原凌雪　真宗教系論序説―教理と実践の立場から―

　　　　　　　　　　　　　　　　　　　龍大仏教文化研究所紀要　7　1968
稲葉秀賢　念仏者の実践　　　　　　　　　　　　　　　　　親鸞教学　15　1970
西光義敏　真宗の伝道とカウンセリング（※）　宗教とカウンセリング　1970
小島叡成　蓮師教学の中心問題とその実践　　　　　　同朋仏教　2／3　1971
名畑　崇　日本仏教における社会的実践の系譜　　大谷大学研究年報　23　1971
福岡光超　近世封建社会における仏教―とくに蓮如の思想と実践を中心に―

　　　　　　　　　　　　　　　　　　　　　　　龍谷大学論集　395　1971
徳永道雄　真宗実践論の一考察―特に凡夫論を中心として―

　　　　　　　　　　　　　　　　　　　　　　　　　真宗学　47／48　1973
中下公陽　佐伯祐正とその社会的実践　　　　　　　　　　龍谷教学　8　1973
山本一雄　宗祖の社会的実践について―御消息を中心として―

　　　　　　　　　　　　　　　　　　　　　　　　　　龍谷教学　8　1973
大江淳誠（他）　真宗者の実践　　　　　　　　　　　　龍谷教学　9　1974
高橋弘次　法然浄土教における実践の特異性　　　日本文化と浄土教論攷　1974
宮地廓慧　親鸞聖人の社会的実践　　　　　　　　　　　　龍谷教学　9　1974
小林尚英　善導大師の実践論　　　　　　　　　　　　　　仏教論叢　19　1975
杣山真淳　浄土真宗の実践の研究　　　　　　　　　　　　龍谷教学　10　1975
池田行信　親鸞思想における社会的実践の考察　　　真宗研究会紀要　9　1977
田村芳朗　本覚思想における実践の原理　　　　　　　仏教の実践原理　4　1977
伊藤真徹　善導大師の宗教的実践　　　　　　　　　　　　仏教論叢　22　1978
深川宣暢　真宗実践論の方法的問題―真実の性格をめぐる一考察―

　　　　　　　　　　　　　　　　　　　　　　　真宗研究会紀要　10　1978
三枝樹隆善　善導大師の宗教理念と実践　　　　　日本仏教学会年報　43　1978
池田行信　信成立の問題（二）
　　　　　　―親鸞思想における信の実践原理論的構造の考察を中心として―

　　　　　　　　　　　　　　　　　　　　　　　眞宗研究會紀要　11　1979
秦　治人　宗教的実践の課題　　　　　　　　　　　　　　大谷学報　225　1980
石田充之　仏教における浄土教的な実践形態の形成とその意義

　　　　　　　　　　　　　　　　　　　仏教の歴史的展開に見る諸形態　1981

寺山文融	真宗生活実践論試考	龍谷教学　16	1981
寺倉　襄	真仮批判の実践的展開	同朋仏教　15／16	1982
本多弘之	宗教的真理と成仏道の実践	親鸞教学　40／41	1982
林　信康	真宗実践論考	親鸞と人間　1	1983
山田行雄	信仰と実践（一）―特に親鸞について―		
		聖徳学園岐阜教育大学紀要　10	1983
石田充之	浄土三派の実践の根本的な性格理念	仏教文化論攷	1984
石田雅文	善導大師の念仏実践論の展開	龍谷教学　20	1985
普賢保之	信と社会的実践	印仏研　34(2)	1986
普賢保之	親鸞聖人をめぐる社会的実践論―現世利益和讃を縁として―		
		眞宗研究會紀要　19	1986
池田　真	真宗実践論ノート―親鸞の思想とその社会的境位―		
		真宗研究会紀要　20	1987
原　広道	愚禿悲嘆述懐における社会実践の基底	龍谷教学　22	1987
針生清人	井上円了の実践の思想	井上円了の思想と行動	1987
稲葉秀賢	三願転入の実践的意義	親鸞大系　7	1988
大谷照裕	真宗と社会実践―真宗と近江商人―	印仏研　36(2)	1988
皆尺寺正信	現代真宗実践論―生死超克の現在的課題として―		
		真宗研究会紀要　21	1988
菱木政晴	浄土教徒の社会的実践	宗教研究　61(4)	1988
森井彰教	現代教学における信の実践	真宗学　79	1989
皆尺寺正信	転成の実践形態	真宗研究会紀要　22	1989
川瀬和敬	非僧非俗の実践的意義	親鸞大系　12	1989
信楽峻麿	親鸞における信と社会的実践	親鸞大系　12	1989
藤堂恭俊	法然浄土教の実践体系とその内実	日本仏教学会年報　54	1989
徳永道雄	自然法爾に表われる実践的意義	龍谷大学論集　434／435	1989
菱木政晴	浄土教徒の社会的実践(2)	宗教研究　62(4)	1989
二葉憲香	親鸞の社会的実践に関する研究の前進	親鸞大系　11	1989
遊亀教授	念仏と実践（『親鸞と倫理』第八章）	親鸞大系　12	1989
菱木政晴	浄土教徒の社会的実践(3)	宗教研究　63(4)	1990
松野純孝	親鸞の社会的実践(1)	上越教育大学研究紀要.第2分冊	
		言語系教育・社会系教育・芸術系教育9	1990
西　勝海	信心に開顕される実践の論理―親鸞の対世俗観を通して―		
		真宗学　83	1991
菱木政晴	浄土教徒の社会的実践（Ⅳ）	宗教研究　64(4)	1991
三田真史	親鸞教学における菩薩道理念とその実践		
	―菩薩道教学構築への一試論―	真宗研究会紀要　23	1991

藤原正寿　清沢満之に於ける宗教的実践とその意義について　親鸞教学　60　1992
浅井成海　信と社会的実践―現代における諸学説をめぐって―
　　　　　　　　　　　　　　　　　　　　　　業問題研究部会報告論文集　1993
齋藤舜健　菩薩道の実践と他者　　　　　　　　　　比較思想研究　19　1993
野村法宏　平安時代における宗教的実践　　　　　　　　真宗史論叢　1993
菱木政晴　浄土教徒の社会的実践（V）　　　　　　宗教研究　66(4)　1993
深川宣暢　真宗伝道における教義解釈の問題
　　　　　　―中世～江戸初期の「談義本」をめぐって―（※）　真宗学　88　1993
藤原正寿　清沢満之における宗教的実践　　　　　　印仏研　41(2)　1993
藤原正寿　近代真宗教学の意義―清沢満之に於ける社会的実践を基軸として―
　　　　　　　　　　　　　　　　　　　　　　　大谷学報　72(2)　1993
森田義見　蓮如上人の布教実践論（※）　　　　　　龍谷教学　30　1995
毛利勝典　親鸞における三部経千部読誦中止の意義　　印仏研　44(1)　1995
毛利　悠　親鸞の「宗教的人格」について―現代における真宗念仏の実践―
　　　　　　　　　　　　　　　　　　　　　　真宗学　91／92　1995
桃井信之　教学の現代的課題―「いのち」の問題に応答しうる可能性―
　　　　　　　　　　　　　　　　　　　　　教学研究所紀要　5　1996
梅原　猛　実践の人・蓮如　　　　　　　　　蓮如-転換期の宗教者　1997
杵築宏典　浄土真宗と社会実践　　　　　　　　教学研究所紀要　5　1997
佐藤達全　四摂法の実践と仏教保育　　　　　　　　教化研修　40　1997
本多静芳　親鸞における大乗菩薩道の実践　　　　　印仏研　46(1)　1997
深川倫雄　浄土教の実践と評論　　　　　　　　日本佛教文化論叢　1998
八木季生　念仏教化の実践（※）　　　　　　　　仏教教化研究　1998
滕　憲之　親鸞思想と社会福祉―その理論と実践の諸問題―
　　　　　　　　　　　　　　　　　　　　　　印仏研　47(2)　1999
深川宣暢　親鸞における伝道の基礎的考察　　　　真宗学　99／100　1999
斉藤　真　調査を「信心の社会性」の実践として
　　　　　　―浄土真宗本願寺派「差別法名・過去帳調査」報告―
　　　　　　　　　　　　　　　　　　　　　　　部落解放　463　2000
塚田博教　浄土真宗における伝道の研究　　　　　　宗学院論集　72　2000
能仁正顕　大乗菩薩道における羞恥の実践体系　　　世界文化と仏教　2000
深川宣暢　真宗における伝道教材の研究―『叢林集』と『考信録』―
　　　　　　　　　　　　　　　　　　　　　　　真宗学　102　2000
河内義邦　親鸞の信心論と大乗仏教原理―現代真宗伝道の一視座―
　　　　　　　　　　　　　　　　　中央仏教学院紀要　12／13　2001
浅井成海、深川宣暢　真宗伝道学の研究―仏教における口演伝道の展開―（※）
　　　　　　　　　　　　　　　　龍大仏教文化研究所紀要　41　2002

池田勇諦　教団の実践としての教化―大谷派の同朋会運動―（※）

同朋仏教　38　2002

小野蓮明　行信から行証へ―真宗伝道の積極性―　　　同朋仏教　38　2002

木越　康　真宗（もしくは真宗学）における「実践学」の可能性

親鸞教学　7　2002

北畠知量　真宗人の社会関与考（真宗の教化と実践）（※）　同朋仏教　38　2002

深川宣暢　親鸞における伝道の根拠　　　　　　　　　宗教研究　75(4)　2002

深川宣暢　親鸞における伝道の今日的課題と可能性　真宗学　105／106　2002

宇治和貴　真宗の実践における諸問題　　　　　　　　宗教研究　76(4)　2003

口羽益生、舟橋和夫　日本人の宗教意識と社会的実践

―特に浄土真宗の門信徒を中心に―　　仁愛大学研究紀要　2　2003

成田智信　親鸞における業の考察―その実践的意義―　　　真宗学　107　2003

深川宣暢　善導「二河白道の譬喩」解釈の比較研究序説

―真宗伝道の基礎的考察として―　　龍谷大学論集　462　2003

上田千年　"慈悲"の実践と菩薩行　　　　　　浄土学佛教学論叢　2　2004

深川宣暢　唱導家・聖覚と親鸞　　　　　　　　　　真宗学　109／110　2004

葛野洋明　真宗伝道における実践論の教義的研究（※）　　眞宗研究　49　2005

高山秀嗣　明治初期における真宗大谷派の社会的実践

―近代仏教伝道史の観点から―　　　　北陸宗教文化　17　2005

深川宣暢　曇鸞教学の伝道的性格―『往生論註』の譬喩をめぐって―

真宗学　111／112　2005

橋本　真　教化の実践としての同朋会運動―訓覇信雄の目指したもの―（※）

真宗教学研究　27　2006

深川宣暢　真宗伝道における説教の研究―説教の構成について―

真宗学　113　2006

尾畑文正　「慚愧」としての社会的実践

―『歎異抄』第四章における親鸞の慈悲観から学ぶ―

日本仏教学会年報　72　2007

河野乘慶　「信心（宗教的実践）」と「教学（宗義・理論的理解」

教化研修　51　2007

児玉　識　近世真宗の社会的実践―僧叡（石泉）学派を中心に―

真宗教学研究　28　2007

藤　能成　慈悲の心と実践―元暁と親鸞に学ぶ―　日本仏教学会年報　72　2007

内藤知康　親鸞における実践の論理構造　　　真宗伝道の課題と展望　2008

打本弘祐　実践真宗学研究科開設に寄せて―日本ホスピス・在宅ケア研究会

スピリチュアルケア部会への誘い―　眞宗研究會紀要　41　2009

深川宣暢　真宗伝道学方法論の考察―真宗教義と伝道学の方法―

　　　　　　　　　　　　　　　　　　　　　　真宗学　119／120　2009
頼尊恒信　真宗障害者福祉の実践試論　　　　　　　　印仏研　58(1)　2009
川邊雄大　明治期における東本願寺の清国布教について（※）
　　　　　　―松本白華・北方心泉を中心に―　文化交渉による変容の諸相　2010
徳永道隆　僧侶のカウンセリングに学んだ実践について
　　　　　　　　　　　　　　　　　　　仏教とカウンセリング　2010
内藤知康　実践真宗学研究科設立の意義　　　　　龍谷大學論集　476　2010
伊東秀章　浄土真宗本願寺派におけるビハーラ活動の展開と現状の課題
　　　　　　　　　　　　　　　　　　　龍谷大学教育学会紀要　10　2011
葛野洋明　真宗伝道の実践研究―国際伝道の実状から窺う―
　　　　　　　　　　　　　　　　　　　　　真宗学　123／124　2011
清原一行　現代真宗寺院の僧侶・門徒関係における実践と教義的規範
　　　　　　　　　　　　　　　　　　　　宗教研究　84(4)　2011
深川宣暢　伝道学としての真宗人間学―真宗における人間の存在と当為―
　　　　　　　　　　　　　　　　　　　　　　真宗研究　55　2011
頼尊恒信　真宗障害者福祉の実践道　　　　　　　　印仏研　60(1)　2011
葛野洋明他　親鸞聖人と現代―現代における真宗伝道の課題―
　　　　　　　　　　　　　　　　　　　　　　印仏研　126　2012
佐賀枝夏文（他）　浄土真宗における社会実践展開の再構築
　　　　―保育・教育・福祉への視座―　真宗総合研究所研究紀要　29　2012
杉山裕俊　道綽『安楽集』所説の実践論について
　　　　　　　　　　　　　　　　　大正大学大学院研究論集　36　2012
水島見一　浄土真宗における社会実践展開の再構築
　　　　　　　　　　　　　　　　　真宗総合研究所研究紀要　29　2012
頼尊恒信　向下的社会モデルの実践の場としての自立生活運動
　　　　　　　　　　　　　　　　　　　　真宗教学研究　33　2012
葛野洋明　浄土真宗における実践の研究
　　　　　　―浄土真宗本願寺派「宗制」による社会貢献の視座を通して―
　　　　　　　　　　　　　　　　　　　　　　眞宗研究　57　2013
葛野洋明　浄土真宗における伝道活動の実践的研究
　　　　　　―統計調査・実地調査を踏まえて―（※）　真宗学　127　2013
平野仁美　真宗保育実践に関する研究―大谷保育協会所属園の見学を通して―
　　　　　　　　　　　　　　　　　　　　　　同朋福祉　19　2013
岡崎秀麿　親鸞聖人における実践　　　　　　浄土真宗総合研究　8　2014
葛野洋明　実践真宗学における研究方法の研究　真宗学　129／130　2014
菊川一道　浄土真宗における信仰と社会実践　　　宗教研究　87　2014
菊池正治　仏教福祉の歴史的課題―近代真宗教団の実践を通して―

　　　　　　　　　　　　　　　　　　　社会事業史研究　46　2014
柴田泰山　『観無量寿経』の信仰と実践　　　日本仏教学会年報　79　2014
杉岡孝紀　真宗他者論（一）―実践真宗学の原理としての〈他者〉―
　　　　　　　　　　　　　　　　　　　　　真宗学　129／131　2014
曽田俊弘　法然上人の教えと社会実践の展開　　　教化研究　25　2014
田代俊孝　念仏信仰の展開と実践　　　　　日本仏教学会年報　79　2014
田中ケネス　如来蔵思想の信解（adhimukti）と親鸞思想の信心の展開および実践
　　　　　　　　　　　　　　　　　　　日本仏教学会年報　79　2014
中山量純　真宗学の実践における体験の意義　　　印仏研　62(2)　2014
中山量純　真宗学の実践における求道的精神の確立　　　眞宗研究　58　2014
河智義邦　親鸞における『阿弥陀経』受容の諸相(1)
　　　　　　―真門設定の実践的意義について―
　　　　　　　　　　　　　　　岐阜聖徳学園大学仏教文化研究所紀要　15　2015
黒田義道　親鸞の浄土三部経千部読誦について
　　　　　　―信心に問われる社会的実践―　　　日本仏教学会年報　81　2015
杉山裕俊　『安楽集』所説の実践論について　　　大乗仏教と浄土教　80　2015
鍋島直樹　臨床宗教師研修の目的と特色―東北大学大学院の協力による実践
　　　　　　真宗学研究科「臨床宗教師研修」構想―　　　真宗学　132　2015
鍋島直樹　ビーハラ活動と臨床宗教師研修の歴史と意義
　　　　　　―親鸞の死生観を基盤にして―　　　日本仏教学会年報　81　2015
藤原正寿　真宗大谷派における同朋会運動　　　日本仏教学会年報　81　2015
蓑輪顕量　真宗大谷派教学大会　釈尊の教えを信仰すること
　　　　　　―その実践ともたらせるもの―　　　真宗教学研究　36　2015
頼尊恒信　真宗障害者福祉再考―宗教的実践と社会的実践をつなぐもの―
　　　　　　　　　　　　　　　　　　　　　　　宗教研究　88　2015
池上要靖　仏教福祉の理論から実践への条件　　　日本仏教学会年報　81　2016
葛野洋明　「主体的実践分析研究方法」の研究　　　真宗学　133　2016
佐伯俊源　叡尊の思想基盤と社会的実践　　　日本仏教学会年報　81　2016
佐藤　厚　井上円了の社会的実践　　　日本仏教学会年報　81　2016
下田正弘　仏教の社会的実践を考えるためのいくつかの課題
　　　　　　　　　　　　　　　　　　　日本仏教学会年報　81　2016
谷治　暁　大正期の本願寺派の社会的実践活動の教学的根拠
　　　　　　―是山恵覚を中心に―　　　　　　　眞宗研究　60　2016
ダマサミカマイ　慈悲の実践　　　　　　　　東洋学術研究　177　2016
真名子晃　曇鸞浄土教における実践体　　　龍大院文学研究科紀要　38　2016
菊川一道　東陽学寮とその実践論の研究　　　龍大院文学研究科紀要　40　2018
佐賀枝夏　近代真宗大谷派の社会的実践のあゆみ　　　教化研究　161　2017

藤原正寿　親鸞における僧伽の実践　　　　　　　　　眞宗研究　61　2017

三羽光彦　戦前昭和期の仏教にもとづく教育思想と実践に関する一考察
　　　　　―小嶋政一郎の真宗思想と全村教育―　　芦屋大学論叢　67　2017

亀井信明（他）　龍谷大学実践真宗学研究科に関する分析報告書
　　　　　　　　　　　　　　　　　龍大院実践真宗学研究科紀要　7　2018

中平了悟　浄土真宗の実践―その射程とそれをたちあがらせるものについて―
　　　　　　　　　　　　　　　　　　　　　真宗学　137／138・2018

深川宣暢　真宗念仏者における利他的行為（他者支援）の一考察―木越康・著
　　　　　『ボランティアは親鸞の教えに反するのか―他力理解の相克』を
　　　　　めぐって―　　　　　　　　　　　　　真宗学　137／138　2018

入江　楽　真宗学の「実践」研究における「主体」の問題　　真宗学　139　2019

深川宣暢　Thought on ShinBuddhism Nenbutsu People's Selfless deeds
　　　　　(helpingothers,ReflectinginYasushiKigoshi'sBookTitled；Are Volunteer
　　　　　rActivitiesAgainstShinran'sTeaching？ —Conflict with Understanding
　　　　　of BeyondHumanPower（Tariki）　　　　龍谷大学論集49　2019

岡崎秀麿　「仏教の社会的実践を問う」という営み　浄土真宗総合研究13　2020

満井秀城　真宗や仏教の持つ「潜在的社会性」に目を向ける
　　　　　　　　　　　　　　　　　　　　浄土真宗総合研究　13　2020

葛野洋明　伝道の実践的側面に関する研究
　　　　　―伝道環境の劇的変化に伴う伝道方法の可能性と課題―（※）
　　　　　　　　　　　　　　　　　　　　真宗学　143／144　2021

森田眞円　善導の宗教実践について　　　　　　真宗学　143／144　2021

〈教　化〉

宮崎圓遵　蓮如上人の化風とその背景　　　　　　　宗学院論集　14　1933

高橋俊乗　一般教化史より見たる江戸時代の龍谷学艙　龍谷学報　326　1939

二葉憲香　明治初期の國民教化運動と眞宗教徒　　　　龍谷史壇　27　1941

宮崎圓遵　親鸞聖人關東教化の一齣　　　　　　　　　龍谷史壇　30　1943

雲村賢淳　教義と教化　　　　　　　　　　　　　　大谷学報　37(1)　1957

八雲円成　教化者としての親鸞聖人　　　　　　　龍谷大学論集　365　1960

藤島達朗　親鸞聖人に於ける教化の性格　　　　　　　親鸞聖人　365　1961

二葉憲香　真宗原始教団と親鸞聖人―真宗伝道における親鸞の人間像―
　　　　　　　　　　　　　　　　　　　　　　伝道院紀要　1　1963

佐々木倫生　僧純『妙好人伝』の教化本的性格　　　宗教研究　37(2)　1964

北西　弘　真宗教団の中世的変貌

	―「知識」と伝道の問題をめぐって―（※）	大谷学報　47(1)	1967
原田双栄	時代即応の教義と教化	龍谷教学　2	1967
広瀬　杲	真宗教化学序説―昭和41年度宗教教化学関連講義の概要―		
		大谷大学宗教教化学研究会紀要 1	1967
寺川俊昭	真宗教団論―教化の志向するもの―		
		大谷大学宗教教化学研究会紀要 3	1969
松原祐美	真宗教化の姿勢	大谷大学宗教教化学研究会紀要 3	1969
金子真補	善導大師の教化伝道について（※）	高僧伝の研究	1973
池田勇諦	教団と教化	日本仏教学会年報　39	1974
寺林　惇	都市教化活動の一報告		
	―真宗大谷派大阪教区教化センターの理念と歩み	眞宗研究　19	1974
吉川正二	親鸞の教化的姿勢	甲南女子大学研究紀要　11／12	1975
池田勇諦	教化学とは何か	眞宗研究　21	1976
宇野恵空	真俗二諦論の一考察（救済と教化）	宗学院論集　24	1976
小笠原宣秀	曇鸞大師の教化攷	宗学院論集　35	1976
上場顕雄	近世末東本願寺学僧の教化とその受容		
	―香樹院徳竜と近江商人　松居遊見―	地方史研究　29(6)	1979
近藤祐昭	了祥「非人教化」について―部落差別と真宗教化―		
		同朋学園仏教文化研究所紀要　2	1980
池田勇諦	真宗教化学の原理	同朋大学論叢　44／45	1981
小池俊文	一般伝道教化（※）	講座親鸞の思想　10	1981
平松令三	初期真宗教団の教化形態について	眞宗研究　25	1981
宮城洋一	律令体制下における民衆教化思想の展開	日本の社会と宗教	1981
池田勇諦	真宗教化の内実	同朋仏教　15／16	1982
大西憲明	仏教教化への心理学的接近	龍大仏教文化研究所紀要　20	1982
宮沢正順	善導大師屠児教化譚につい	仏教論叢　27	1983
高田慈昭	蓮如上人の伝道教化（※）	蓮如上人の教学と歴史　28	1984
細川行信	親鸞の東国伝道	歴史への視点	1985
毛利　悠	近代日本における教化と教育	印仏研　33(2)	1985
池田英俊	大内青巒の教化思想と教化結社をめぐる問題	宗教研究　60(1)	1986
龍渓章雄	西本願寺教団における青年教化運動	龍谷大学論集　428	1986
松岡宗淳	現代の伝道教化とカウンセラー的態度	親鸞と浄土教	1986
福嶋寛隆	明治初年の民衆教化	歴史と伝承	1988
柏原祐泉	庶民教化の思想	親鸞大系　9	1989
池田勇諦	教化の視点から問いかえす真宗のうけとめ方		
	―真宗教化学の基本的課題に関する一覚え書き―		
		同朋仏教　25／26	1991

瀬尾顕證	儀式と教化	同朋仏教　25／26	1991
浜田耕生	教化学は今	同朋仏教　25／26	1991
武田賢寿	仏教における伝道と教化序説	同朋仏教　27	1992
深川宣暢	真宗伝道における教義解釈の問題		
	—中世〜江戸初期の「談義本」をめぐって—（※）	真宗学　88	1992
村上宗博	親鸞における「教化」	印仏研　41(1)	1992
藤原正信	教部省行政下の民衆教化と「文明開化」	真宗史論叢	1993
池田勇諦	蓮如上人における教化の旗幟	仏の教化—仏道学	1996
瀬尾顕證	声明と教化	仏の教化—仏道学	1996
内藤知康	蓮如上人の神祇に関する教化	蓮如上人研究（教義篇1）	1998
名畑　崇	蓮如上人初期の教化	講座蓮如　1	1996
服部正穏	法然上人の教化	仏の教化—仏道学	1996
浜田耕生	仏の教化	仏の教化—仏道学	1996
藤田宏達	浄土経典にあらわれた「教化」と「仏道」	仏の教化—仏道学	1996
前田專學	ゴータマ・ブッダの教化	仏の教化—仏道学	1996
朝枝善照	三業惑乱後の地方の伝道教化（※）	仏教教化研究	1998
今井雅晴	親鸞・蓮如と関東教化	國文學解釋と鑑賞　809	1998
江上浄信	蓮如の化風	蓮如の世界	1998
織田顕祐	『御文』教化の構造について	蓮如の世界	1998
梶村　昇	布教の原点と法然上人の教化活動（※）	仏教教化研究	1998
加藤智見	蓮如における教化の特質	蓮如の世界	1998
加藤智見	『御文』と教化と宗教性	蓮如—その思想と文化論集	1998
神谷正義	法然上人の教化方法	仏教教化研究	1998
洪潤　植	二十一世紀における仏教教化の諸問題	仏教教化研究	1998
袖山栄輝	『観無量寿経』の教化対象＝阿難	仏教教化研究	1998
田代俊孝	仏教教化と「いのちの教育」	日本仏教学会年報　63	1998
舟橋尚哉	蓮如の教化と教団の発展	蓮如の世界	1998
八木季生	念仏教化の実践（※）	仏教教化研究	1998
江上琢成	親鸞の教化観	眞宗研究　44	2000
小山典勇	寺院仏教と研究・教育・教化の問題	仏教教育・人間の研究35	2000
塚田博教	浄土真宗における（青）少年教化	宗教研究　73(4)	2000
塚田博教	真宗における少年教化の必要性	龍谷教学　35	2000
中臣　至	伝道教化に関する一考察	教学研究所紀要　8	2000
中野セイ子	蓮如の『御文』における教化	仏教大学大学院紀要　28	2000
青木　馨	本願寺教如の教化伝道について（※）	日本の歴史と真宗	2001
池田勇諦	蓮如の教化—『御文』—	真宗教学研究　21	2001
木場明志	教化と受容	宗教研究　74(4)	2001

寺川俊昭	蓮如の教化―現代の視点から―	真宗教学研究	21	2001
名畑　崇	蓮如の教化―中世という時代―	真宗教学研究	21	2001
池田勇諦	教団の実践としての教化―大谷派の同朋会運動― (※)	同朋仏教	38	2002
北畠知量	真宗人の社会関与考（真宗の教化と実践）(※)	同朋仏教	38	2002
小妻典文	真宗教化の現場における言語 (※)	同朋仏教	38	2002
沼波政保	『選集抄』にみる仏教説話の教化性について	真宗の教化と実践		2002
松山智道	親鸞聖人の教化観―人間教育の本来性を求めて―	東海仏教	47	2002
中澤明司	大悲回向と教化の問題	真宗教学研究	24	2003
一楽　真	親鸞における教化	真宗教学研究	25	2004
織田顕祐	教化と教学	真宗教学研究	25	2004
草間文秀	教学と教化	真宗教学研究	25	2004
寺川俊昭	教化のめざすもの	真宗教学研究	25	2004
中野正明	法然の教化とその消息	念仏の聖者法然		2004
前田恵学	教学と教化	真宗教学研究	25	2004
池田　真	蓮如上人の教学と教化	真宗教学研究	26	2005
池田勇諦	教学は教化の学	真宗教学研究	26	2005
木越　康	真宗学と「教化」の学―大谷大学「宗教教化学研究会」に学ぶ―	真宗教学研究	26	2005
加藤智見	今、真宗は何を教化すべきか？	真宗教学研究	26	2005
草間文秀	"信に死し願に生きる"と"後世の一大事"と教化	真宗教学研究	26	2005
中西無量	教化と教学	真宗教学研究	26	2005
藤本淨彦	教義と教化の循環	真宗教学研究	26	2005
伊藤弘道	法然上人の教化	仏教論叢	50	2006
川村伸寛	真宗教化と信仰告白の意義	真宗教学研究	27	2006
草間文秀	死（命）の行く方と教学特に教化	真宗教学研究	27	2006
中西智海	生きる姿勢としての教学と教化	真宗教学研究	27	2006
橋本　真	教化の実践としての同朋会運動―訓覇信雄の目指したもの― (※)	真宗教学研究	27	2006
日野圭悟	教化と教学	真宗教学研究	27	2006
茨田通俊	仏教における教化の問題	真宗教学研究	27	2006
市野智行	真宗教化論	同朋大学大学院文学研究科研究紀要	3	2007
大田利生	曇鸞・道綽における伝道教化考 (※)	龍大仏教文化研究所紀要	46	2007
武田道生	仏教信仰教化儀礼の沖縄的受容	宗教研究	80(4)	2007
藤　能成	大衆教化の思想の底に流れるもの			

　　　　　　　　―元暁、親鸞、蓮如、そしてパウロ―　　　龍大仏文研紀要　46　2007
龍溪章雄　西本願寺教団における青年教化運動　　　真宗伝道の課題と展望　2008
小池孝範　教化者における教化の現代的意義　　　　　宗学研究紀要　21　2008
熊本英人　大正期の仏教教化をめぐって　　　　　　　　宗教研究　83(4)　2010
高橋恵美子　東国教化のための親鸞消息についての一考察
　　　　　　　　　　　　　　　　　　　武蔵野短期大学研究紀要　27　2013
高橋恵美子　東国教化のための親鸞消息についての一考察(2)
　　　　　　　　　　　　　　　　　　　武蔵野短期大学研究紀要　28　2014
神達知純　これからの教化のありかた　　　　　大正大學研究紀要　100　2015
芹口真結子　一九世紀初頭における〈俗人〉の教化活動と真宗教団
　　　　　　　　　　　　　　　　　　　　　　　　　民衆史研究　92　2016
芹口真結子　明治五年東本願寺の九州巡回説教―教導職制度揺籃期の教化活動―
　　　　　　　　　　　　國學院大學研究開発推進機構紀要　8　2016
藤原正寿　清沢満之と教化の課題　　　　　　　　　　親鸞教学　106　2016
芹口真結子　近世真宗僧侶の教化課題―「示談録」を手がかりに―
　　　　　　　　　　　　　　　　　　　　　　　　　日本史攷究　41　2017
百山真子　浄土真宗本願寺派青少年教化のあゆみ　　　東国真宗　5　2017
岩田真美　明治期の真宗における女性教化
　　　　　―「妙好人」楫取希子と小野島行薫を中心に―　真宗学　137／138　2018
川村覚昭　代日本における仏教の教化性と教育性―特に真宗について―
　　　　　　　　　　　　　　　　　　　　教育哲学研究　119　2019
木村迪子　近世前期における中国浄土教文献の受容について―真宗宗学・教化の
　　　　　現場に注目して―　　　　　　　日本仏教綜合研究　17　2019
島薗　進　仏教者の社会活動と教化　　　　　　佛教文化学会紀要　27　2019
藤雄正受　善導における教化思想の一考察　　龍大院文学研究科紀要　41　2019
中西直樹　女性教誨師の任用とその実情
　　　　　―近代本願寺派に見る女性教化者の系譜(1)―　　佛教史研究　58　2020
中西直樹　女教士の任用と養成機関の変遷
　　　　　―近代本願寺派に見る女性教化者の系譜(2)　龍谷大学論集　496　2020
福島栄寿　真宗大谷派における女性教化
　　　　　―明治・大正・昭和・平成の教説を辿る―　京都・宗教論叢　14　2020
中西直樹　女性僧侶の登場とその背景
　　　　　―近代本願寺派に見る女性教化者の系譜(3)―
　　　　　　　Ryukoku Journal of Peace and Sustainability　2021

〈布　教〉

廣岡玄雄　蓮如上人の布教論　　　　　　　　　　　　六条学報191　1917
廣岡玄雄　蓮如上人の布教論　　　　　　　　　　　　六条学報192　1917
山邊習學　明治時代に於ける佛教傳道布教につきて（※）　現代佛教105　1933
亀田次郎　徳川時代蝦夷地布教の一資料　　　　　　　大谷学報　64　1936
宝田正道　中世布教文化の一形態　　　　　　　　　　佛教論叢　 2　1949
清水学励　親鸞教学の進展を論じて本宗布教の再検討を冀ふ　大崎学報　97　1950
道端良秀　日本仏教の海外布教講座　　　　　　　　　近代仏教　 5　1961
藤井正雄　寺院と布教圏　　　　　　　　　　　　　　仏教論叢　11　1966
石岡信一　法然の念仏布教とその流れについての一考察　印仏研15(2)　1967
金子真補　浄土布教法の根底としての法然上人の信仰について

　　　　　　　　　　　　　　　　　　　　　　　　　仏教論叢　13　1969
弥　温麿　真宗に於ける布教と今後の課題についての一考察　眞宗研究14　1969
増井悟朗　布教活動におけるカウンセリングの実際　宗教とカウンセリング　1970
金子真補　曇鸞大師の御伝記を拝してその浄土帰入と布教教化を偲ぶ

　　　　　　　　　　　　　　　　　　　　　　　　　仏教論叢　15　1971
金子真補　曇鸞、道綽両祖の布教伝道の態度について（※）

　　　　　　　　　　　　　　　　　　　浄土教―その伝統と創造　1972
近藤伸一　加賀における蓮如の布教と農民の門徒化　　大正史学　 9　1979
藤井健志　近代日本仏教における布教者との出会いについて

　　　　　　　　　　　　　　　　　　　　　　宗教研究　 60(1)　1986
木場明志　明治期における東本願寺の中国布教について　印仏研　70　1987
木場明志（他）　東本願寺中国布教史の基礎的研究

　　　　　　　　　　　　　　　　真宗総合研究所研究所紀要　 5　1987
美藤　遼　真宗の朝鮮布教　　　　　　　　近代真宗教団史研究　30　1987
笠原一男　蓮如の布教と門徒組織の進展　　　　　　　親鸞大系　 7　1989
木場明志　明治前半期における東本願寺の中国布教　　親鸞大系　10　1989
小島勝他　近代における浄土真宗開教使の海外布教

　　　　　　　　　―台湾および朝鮮を中心に―（※）龍大仏教文化研究所紀要　27　1989
新保　哲　『御伝鈔』にみる布教の特色　　　　　　　宗教研究　 62(4)　1989
木場明志　東本願寺の中国布教と学校教育　　　　　　眞宗研究　34　1990
小島　勝（他）　海外における浄土真宗開教使の語学研修と布教活動（※）

　　　　　　　　　　　　　　　　　　　龍大仏教文化研究所紀要　29　1990
木場明志（他）　真宗大谷派アジア布教の概観　真宗総合研究所研究所紀要9　1991
野世英水　戦時下真宗者の従軍布教―日中全面戦争開始時における

　　　　　　　　　　　　　　　　　　　　　龍大院研究紀要　12　1991
木場明志　満州布教の侵略的諸相　　　　　　　　　　真宗史論叢　1993
野世英水　真宗における従軍布教の歴史と役割　　　　印仏研41(2)　1993

水谷浩志　布教形態としてのパソコン通信の可能性　　　佛教文化研究　38　1993
江森一郎、孫伝釧戦時下の東本願寺大陸布教とその教育事業の意味と実際
　　　　　　一主として「真宗」所載記事による一
　　　　　　　　　　　　　　　　　金沢大学教育学部紀要教育科学編43　1994
瞿曇英鎧　高座布教の研究　　　　　　　　　　　　　　龍谷教学　29　1994
本多千恵　キリスト教社会における日本宗教の布教ストラテジーと適応
　　　　　　一第二次世界大戦前のハワイ社会における浄土真宗本派本願寺教団の
　　　　　　事例をめぐって一　　　　　　　　　年報社会学論集　7　1994
菱木政晴　仏教の布教の中にあらわれる国家神道教義　　宗教研究　68(4)　1995
森田義見　蓮如上人の布教実践論（※）　　　　　　　　龍谷教学　30　1995
李　鍾厚、藤　能成
　　　　　韓国における浄土真宗の布教　　　　九州龍谷短期大学紀要　41　1995
小島　勝　マニラ本願寺布教使・山之内秀雄師の文化交流活動
　　　　　　　　　　　　　　　　　　　　　　仏教思想文化史論叢　1997
三宮義信　真宗の布教についての私見　　　　　　日本佛教文化論叢　1998
梶村　昇　布教の原点と法然上人の教化活動（※）
　　　　　　　　　　　　　仏教教化研究（水谷幸正先生古稀記念）　1998
木場明志　海外布教と仏教福祉　　　　　　　　　　日本仏教福祉概論　1999
三宮義信　真宗布教管見　　　　　　　　　　　　教学研究所紀要　7　1999
藤井健志　戦前における仏教の東アジア布教　　　　　近代仏教　6　1999
誉田慶信　蓮如本願寺教団の蝦夷・北奥布教　　　青森県史研究3　1999
木場明志　真宗と海外布教　　　　　　　　　　現代日本と仏教　2　2000
藤井健志　仏教の海外布教に関する研究　　　　現代日本と仏教　2　2000
江島尚俊　近代日本仏教におけるアジア布教の一考察
　　　　　　　　　　　　　　　　　　　　　仏教文化学会紀要　14　2005
松金公正　真宗大谷派による台湾布教の変遷
　　　　　　一植民地統治開始直後から台北別院の成立までの時期を中心に一
　　　　　　　　　　　　　　　　　アジア・アフリカ言語文化研究　71　2006
辻村志のぶ　石川舜台と真宗大谷派の東アジア布教一仏教アジア主義の形成一
　　　　　　　　　　　　　　　　　　　　　　　　　　近代仏教13　2007
寺戸尚隆　十五年戦争期の従軍布教　　　　龍大院文学研究科紀要　29　2007
木場明志　近代日本仏教によるアジア布教の越境性　　宗教研究　81(4)　2008
野世英水　近代真宗本願寺派の中国における活動（※）　印仏研56(2)　2008
日野慶之　海外開教使「布教・伝道に関するアンケート」の集計と分析（※）
　　　　　　　　　　　　　　　　　　　　　浄土真宗総合研究　3　2008
財部めぐみ　近代的布教としての慈善活動
　　　　　　一奄美大島における本願寺派寺院を事例にして一

地域政策科学研究　6　2009
伊東　乾　済度と平等の誦唱―布教と識字現代と―　　　親鸞　21　2010
川邊雄大　明治期における東本願寺の清国布教について
　　　　―松本白華・北方心泉を中心に―（※）
　　　　　　　　　　　　文化交渉による変容の諸相　2010
新堀歓乃　近代日本における仏教音楽と布教活動　　　近代仏教　17　2010
碧海寿広　近代真宗とキリスト教―近角常観の布教戦略　宗教と社会17　2011
川邊雄大　東西両本願寺と近代中国―布教活動を例として―
　　　　　　　　　　　　　　　　孫文研究会報50　2012
工藤英勝　植民地布教の実態と虚像　　　宗教研究　85(4)　2012
八木英哉　『時局伝道教化資料』に見る布教方針について　　近代仏教19　2012
中西直樹　明治前期・真宗大谷派の海外進出とその背景
　　　　―北海道開拓・欧州視察・アジア布教―　龍谷大學論集481　2013
守屋友江　日本仏教のハワイ布教と文化変容―ハワイ本派本願寺教団を中心に―
　　　　　　　　　　　　　　　　歴史評論　756　2013
陳　継東　中国における日本仏教の中国布教研究の現状と問題点
　　　　　　　　　　　　　　　　近代仏教　21　2014
野世英水　近代真宗本願寺派の従軍布教活動　　　印仏研　134　2014
藤井健二　近代仏教のアジア布教に関する研究の意義と方向性
　　　　　　　　　　　　　　　　近代仏教　21　2014
大塚雄介　グチコレの構造と布教伝達における位置づけ
　　　　　　　　　　　　　　　　浄土真宗総合研究　9　2015
川邊雄大　明治期における東本願寺の清国布教について
　　　北九州の真宗を例とした仏教近代化に関する基礎的研究　53　2015
高山秀嗣　学寮と布教
　　　北九州の真宗を例とした仏教近代化に関する基礎的研究　53　2015
中西直樹　日本仏教の初期台湾布教(1)　龍大仏教文化研究所紀要　53　2015
川邊雄大　西本願寺の海外布教と鎮西別院　シルクロードと近代日本の邂逅　2016
中西直樹　日本仏教の初期台湾布教(2)　龍大仏教文化研究所紀要　54　2016
藤井健志　川邊雄大東本願寺中国布教の研究　近代仏教　23　2016
王　建萍　明治期における東本願寺の中国布教―小栗栖香頂を中心に―
　　　日本語・日本文化研究（日本語・日本文化研究国際討論会論文集）　1　2017
安中尚史　移民布教と仏教文物　　　近代仏教　24　2017
張　益碩　植民地統治初期台湾における宗教政策と真宗本願寺派
　　　　　　　　　　　　　　　　アジア遊学　222　2018
沈　佳姍、王　鼎［訳］台湾布教史研究の基礎資料『真宗本派本願寺台湾開教史』（※）
　　　　　　　　　　　　　　　　アジア遊学　222　2018

野世英水　台湾における真宗本願寺派の従軍布教活動　　　アジア遊学　222　2018
中西直樹　仏教史・真宗史総合研究班明治期日本僧侶の暹羅布教
　　　　　　　　　　　　　　　龍大世界仏教文化研究論叢　58　2019
中西直樹　本願寺派の台湾布教概史（※）
　　　　　　　龍大アジア仏教文化研究センター2018年度研究報告書　45　2019
福島栄寿　明治初年琉球の真宗布教―「真宗法難事件」と廃琉置県（琉球処分）―
　　　　　　　　　　　　　　　　　　　立命館文學　666　2019
福島栄寿　明治初期琉球における真宗布教に関する一考察
　　　　　　―清原競秀『日々琉行之記』をめぐって―　　眞宗研究　64　2020
谷釜智洋　大正期仏教教団の門徒教化への取り組み
　　　　　　―真宗大谷派「仏教学会」を中心にして―　　印仏研69(2)　2021

〈開　教〉

宮崎円遵　鹿児島における禁教と開教に関する調査
　　　　　　　　　　　　　　　　龍大仏教文化研究所紀要　4　1965
福間光超　鹿児島における禁教と開教に関する調査
　　　　　　―薩摩における真宗門徒の講と本願寺―　佛教文化研究所紀要　4　1965
菅原弌也　開教の記録　　　　　　　　　　　　講座　親鸞の思想　10　1981
藤原凌雪　海外開教伝道（※）　　　　　　　　講座　親鸞の思想　10　1981
小島　勝　戦前のアジア地域における本願寺派開教使の日本語教育（その一）
　　　　　　　　　　　　　　　　龍大仏教文化研究所紀要　25　1986
小島　勝　第２次世界大戦前の本派本願寺開教使の日本語教育
　　　　　　―アジア地域を中心に―　日本教育社会学会大会発表旨集録40　1988
小島　勝　戦前のアジア地域における本願寺派開教使の日本語教育（その二）
　　　　　　　　　　　　　　　　龍大仏教文化研究所紀要　26　1987
高橋　勝　明治期における朝鮮開教と宗教政策―特に真宗大谷派を中心に―
　　　　　　　　　　　　　　　　　　　　仏教史研究　24　1987
小島　勝　（他）　近代における浄土真宗開教使の海外布教
　　　　　　―台湾および朝鮮を中心に―（※）龍大仏教文化研究所紀要　27　1989
禿氏祐祥　蓮如上人と開教区域　　　　　　　　　　　親鸞大系　7　1989
小島　勝　（他）　海外における浄土真宗開教使の語学研修と布教活動
　　　　　　　　　　　　　　　　龍大仏教文化研究所紀要　29　1990
木場明志　真宗大谷派による中国東北部（満州）開教事業についての覚え書き
　　　　　　　　　　　　　　　　　　　大谷大學研究年報　42　1991

桂華淳祥　東本願寺の中国華北地方における開教活動
真宗総合研究所研究所紀要　9　1991

小島　勝　近代のアジア地域における真宗大谷派開教使の教育事業
真宗総合研究所研究所紀要　9　1991

木場明志　真宗の北方開教―クリル（千島）地域における真宗大谷派の行動―
印度哲学仏教学　8　1993

乗元恵三　アメリカ開教の問題と展望　　　　宗教的真理と現代　1993

小島　勝　戦前の上海における浄土真宗本願寺派開教の足跡
　　　　―「教海一瀾」と「文化時報」の記事から―
真宗総合研究所研究紀要12　1994

木場明志　日清戦後における真宗大谷派アジア活動の急展開
　　　　―『本山事務報告』『常葉』『宗報』の記事から―
大谷大学真宗総合研究所研究紀要12　1995

小島　勝　戦前の上海における浄土真宗本願寺派開教の足跡
　　　　―『教海一瀾』と『文化時報』の記事から―
大谷大学真宗総合研究所研究紀要12　1995

槻木瑞生　日本の開教活動とアジア認識―「中外日報」のアジア関係記事から
真宗総合研究所研究紀要　12　1994

武内善信　紀州における真宗の開教―海の道と陸の道―　地方史研究　256　1995

武内善信　紀伊真宗の開教と展開　　　　　　　　　講座蓮如　5　1997

松原弘親　浄土真宗本願寺派における沖縄開教の歩み　真宗研究会紀要　29　1997

小島　勝（他）　戦前の中国における浄土真宗の開教と日本人子弟教育
　　　　　―青島と大連を中心に―　龍大仏教文化研究所紀要　39　2000

武田龍精（他）　真宗世界伝道の教学的研究
　　　　―北米・ハワイ開教伝道の課題と将来―（※）
龍大仏教文化研究所紀要39　2000

葛野洋明　浄土真宗の伝道論―世紀を越えたアメリカ開教を通して―（※）
宗教研究　74(4)　2001

野世英水　戦前の中国における浄土真宗の開教と日本人子弟教育
龍大仏教文化研究所紀要　40　2001

モンテイロジョアキン　暁烏敏における海外開教の問題について
同朋大学佛教文化研究所紀要　20　2001

丸田教雄　北海道の開教事情について　　　　　　　龍谷教学　37　2002

小島勝他　中国の居留地と租借地における浄土真宗本願寺派開教と日本人子弟教育
龍谷大学佛教文化研究所紀要　42　2003

瀬戸川豊　北海道開教史の研究―佛光寺と真宗他派を中心として―
宗学院紀要　7　2003

山本浄邦　西本願寺教団と朝鮮植民地支配（後編）朝鮮「開教」の背景とその実態
　　　　　　　　　　　　　　　　　　　　　　　青鶴　14／15　2003
山岡誓源　アメリカでの真宗伝道—宗教教育という一つの方法論を通して—（※）
　　　　　　　　　　　　　　　　　龍大仏教文化研究所紀要　44　2005
江島尚俊　沖縄における浄土真宗本願寺派の開教　　　　教化研究　17　2006
嵩　満也　戦前の東・西本願寺のアジア開教
　　　　　　　　　　　　　　　龍大国際社会文化研究所紀要　8　2006
髙山秀嗣　アメリカ開教調査報告　　　　　　　　　　宗教研究　81(4)　2008
高山秀嗣　真宗大谷派の初期中国開教について　　東アジア仏教研究　6　2008
嵩　満也　浄土真宗本願寺派による初期ハワイ開教と非日系開教使の誕生
　　　　　　　　　　　　　　龍大国際社会文化研究所紀要　10　2008
野世英水　近代真宗本願寺派の中国における活動（※）　　　印仏研114　2008
日野慶之　海外開教使「布教・伝道に関するアンケート」の集計と分析（※）
　　　　　　　　　　　　　　　　　　　　　浄土真宗総合研究　3　2008
髙山秀嗣　海外開教と大谷光瑞　　　　　　　　　　　宗教研究　82(4)　2009
福島栄寿　真宗大谷派の北海道開教に関する一考察　　宗教研究　83(4)　2010
小島　勝　北米の浄土真宗本願寺派日系二世の越境教育—1930〜1950年代におけ
　　　　　る龍谷大学への留学を中心に—　　龍谷大學論集　474／475　2010
釋氏真澄　ハントと浄土真宗英語礼拝聖典の成立　　　　印仏研　60(1)　2011
圭室文雄　北海道開教史編纂委員会編北海道の西本願寺（本願寺札幌別院）
　　　　　　　　　　　　　　　　　　　　　　　　近代仏教　18　2011
髙山秀嗣　ハワイ初期開教と九州における真宗ネットワーク年報
　　　　　　　　　　　　　　　　　　　　　　　日本思想史　10　2011
髙山秀嗣　日本仏教の海外開教　　　　　　　　日本浄土教の諸問題　2011
釋氏真澄　浄土真宗のアメリカ化に関する一考察
　　　　　—北米開教区における「浄土」理解より—　　　龍谷教学　48　2013
河和田賢淳　北米・ハワイの真宗事情—三十年余の開教使生活を通して—
　　　　　　　　　　　　同朋大学大学院文学研究科研究紀要　13　2017
釋氏真澄　アメリカ日系人強制収容と真宗国際伝道の実際—開教使の書簡・
　　　　　日記を中心に—　　　　　　　　　　　　眞宗研究　62　2018
坂井田夕起子　真宗大谷派の厦門開教—開教使神田恵雲と敬仏会を中心に—
　　　　　　　　　　　　　　　　　　　　　　アジア遊学　222　2018
沈　佳姍、王　鼎［訳］　台湾布教史研究の基礎資料『真宗本派本願寺台湾
　　　　　　開教史』（※）　　　　　　　　　　　アジア遊学　222　2018
中西直樹　本願寺派の台湾布教概史（※）
　　　　　　　龍大アジア仏教文化研究センター2018年度研究報告書　45　2019
菊川一道　真宗私塾と初期海外伝道—東陽学寮と信昌閣をめぐって—（※）

龍大アジア仏教文化研究センター2020年度研究報告書105　2020

〈唱　導〉

鷲尾教導	眞宗唱導史稿	六条学報	152	1914
宮崎円遵	中世に於ける唱導と談義本（※）	宗学院論集	27	1976
朝枝善照	仰誓編『唱導蒙求』研究序説	龍谷大学論集	429	1986
朝枝善照	真宗の伝道に関する一考察—特に唱導・法談・法話について—			
		龍谷教学	24	1989
朝枝善照	新資料・『唱導師手控』考	日本の社会と仏教		1990
朝枝善照	新資料・履善記『覚如上人四百忌唱導笏』考	日本の仏教と文化		1990
後小路薫	近世唱導の一怪異譚	唱導文学研究	1	1996
朝枝善照	新資料・善謙『唱導手控』考	日本佛教文化論叢		1998
関山和夫	唱導と話芸	駒沢大学仏教文学研究	2	1999
龍口恭子	親鸞と唱導師聖覚	印仏研50(1)		2001
山田雅教	唱導僧としての存覚	東洋の思想と宗教	18	2001
龍口恭子	唱導家の本願観—親鸞の本願観理解のために—	印仏研	51(1)	2002
関山和夫	中世以降における唱導の展開	仏教文学	27	2003
深川宣暢	唱導家・聖覚と親鸞	真宗学	109／110	2004
澤　博勝	真宗信仰と唱導	国文学解釈と鑑賞72 (10)		2007
龍口恭子	唱導家の語った「悪」「罪」	宗教研究	80(4)	2007
田中了輔	存覚の唱導僧的性格について			
	—『報恩記』所引の清涼寺釋迦像縁起の検討—	印仏研	68(2)	2020

〈談　義〉

宮崎円遵	親鸞に関する中世の一談義本	仏教文学研究	24	1963
宮崎円遵	法然上人伝の絵解と談義本	日本文化と浄土教論攷		1974
宮崎円遵	中世に於ける唱導と談義本（※）	宗学院論集	27	1976
柏原祐泉	中世真宗における神祇観の推移—談義本を中心に—			
		日本仏教	60／61	1984
北西　弘	神祇信仰と談義本教団の展開	親鸞大系	6	1989
千葉乗隆	談義本解説教団の展開	親鸞大系	6	1989
深井一郎	真宗談義本「御伝鈔演義」について			
	金沢大学教育学部紀要人文科学・社会科学編		38	1989

〈説　法〉

〈聴　聞〉

〈法　話〉

【書　籍】

今村惠猛　布哇開教誌要　　　　　　　　　本派本願寺布哇開教教務所　1918
布教研究所編　布教法入門　　　　　　　　　　　　　　　百華苑　1961
普賢大圓　信仰と実践　　　　　　　　　　　　　　　　永田文昌堂　1959
関山和夫　説教の歴史的研究　　　　　　　　　　　　　　法藏館　1973
大西憲明、山崎昭見　現代仏教教化法―原理と方法―　　　　百華苑　1982
関山和夫　庶民仏教文化論―民衆教化の諸相―　　　　　　　法藏館　1989
藤田徹文　私の布教法　　　　　　　　　　　　　　　　永田文昌堂　1990
小室裕充　仏教教化学のすすめ　　　　　　　　　　　　　渓水社　1994
三宮義信　真宗布教法　　　　　　　　　　　　　　　　永田文昌堂　1995
水谷幸正　先生古稀記念会編佛教教化研究　　　　　　思文閣出版　1998
土岐慶哉　ハワイ開教小史―ハワイ本派本願寺―　　　　　　百華苑　1999
朝枝善照　日本仏教の伝道　　　　　　　　　　　　　　永田文昌堂　2002
蔵田了然　浄土真宗本願寺派　伝道論教団論へのアプローチ　　探究社　2002
山岡誓源著、粕川壽裕訳　アメリカへの真宗伝道　―宗教教育の新しいかたち―
　　　　　　　　　　　　　　　　　　　　　　　　永田文昌堂　2005
川添泰信、那須英勝編　犀の角―世界に拓く真宗伝道―　　永田文昌堂　2005
関山和夫　仏教文学芸能　　　　　　　関山和夫博士喜寿記念論集刊行会　2006
本派本願寺布哇開教教務所文書部編　本派本願寺布哇開教史　　文生書院　2007
高山秀嗣　中世浄土教者の伝道とその特質―真宗伝道史研究・序説―
　　　　　　　　　　　　　　　　　　　　　　　　永田文昌堂　2007
谷川　穣　明治前期の教育・教化・仏教　　　　　　　思文閣出版　2008
豊島學由　認められた人生―布教の理論と実際―　　　　自照社出版　2008
後小路薫　勧化本の研究　　　　　　　　　　　　　　　　泉書院　2010
川邉雄大　東本願寺中国布教の研究　　　　　　　　　　研文出版　2013
飛鳥寛栗　越中僧・薩摩開教の記憶―石上暁了・野崎流天・藤枝令道―
　　　　　　　　　　　　　　　　　　　　　　　　　　桂書房　2015
川邉雄大　浄土真宗と近代日本―東アジア・布教・漢学―　　勉誠出版　2016
中西直樹、那須英勝、嵩満也編　仏教英書伝道のあけぼの　　　法藏館　2018
芹口真結子　近世仏教の教説と教化　　　　　　　　　　　法藏館　2019

　　　　　　　　　　　　　　　　　　　　以上　2021年11月現在

あ　と　が　き

　2021年3月に龍谷大学を定年退職するにあたり、しばらくたずさわってきた伝道学の研究成果を要約して、真宗伝道学のテキストか参考書にもなればという思いで本書を作成した。

　真宗伝道の環境は早足で変化しつつあり、より実践的な研究が望まれるところではあって、これまでも「現場に即した教学を」などと求められる場面が少なからずあった。筆者はいつも感じていたことであるが、現場というのは一見同じように見えても、10カ所あれば10通り、100カ所あれば100通りの現場がある。どんな現場にも即座に対応できるような便利な教学などありはしない。もしそれがあるのなら、その教学はその時、その場にしか通用しないレベルのものでしかない。その教学は決して普遍性を持ちえないものであり、真実の法義にもとづいた教学とはなりえない。

　私は、現場の問題は、基本的にその現場をよく知っているプロフェッショナルの宗教家（僧侶）が対応すべきものだと思っている。その場合に、単純に他の仏教と並べることができない真宗教義を基礎にした対応ができるようにしておくのが、プロの宗教家なのであろう。安易にただ教学にたよるのみでは、決して本質的な問題の解決にはならないはずである。

　私は、その問題解決のための基礎となるような伝道学を、一定の時点でまとめておきたいという思いをもっていた。この度の機会を得て、ひと通りではあるが、こうして本書が成った。

　永田文昌堂主には、またわがままを申して短期間でお願いすることになったが力を貸してくださったこと、御礼申し上げます。

　また特に第8章について、龍谷大学講師・奥田桂寛氏のお手を煩わせたし、校正など多用の中に手伝ってくださった藤原ワンドラ睦、南條了瑛、松並照樹、宮地崇、伊藤雅玄、伊藤顕慈、武田大信、河野悠玄、西村一樹、那須野浄彰、藤雄正受、井上慶淳、那須野燈璃の各氏に合わせて御礼申し上げます。

2022年2月28日　深川宣暢

Postscript

After retiring in March 2021 from Ryukoku University, I wanted to summarize the progress in the researches done in the field of Studies in Propagation, a topic that I have been engaged in for quite some time. The making of this book was intended to be a resource for Studies in Shinshu Propagation.

The field of Shinshu Propagation quickly changes and evolves, where there is a high demand for concrete research findings. In many instances, students want "a teaching that applies to real-world situations." However, I have always felt that "real-world situations," although at first glance might seem to be referring to all cases alike, are, in fact, each individual and unique situations. If there are ten situations, we will find ten different cases. If there are a hundred situations, there are many different kinds of scenarios. There is no convenient teaching that will aptly apply to all different cases. If there is such a thing, it is only for that particular instance, and the teaching will not apply to all other situations. Thus, we cannot regard that teaching as a universal one—in other words, it is not the true Dharma.

I believe that the problem of each "real-world situation" must be engaged in by those who have made it their profession to be spiritual seekers, namely the Buddhist ministers, who are well-acquainted with and knowledgeable of a given situation. In that case, the spiritual seeker responding to the situation should place the Shinshu doctrine at the basis of one's actions. Moreover, it is a response that reflects the uniqueness of the Shinshu teaching that cannot easily be replaced by a doctrine of any other school of Buddhism. By simply and superficially relying solely on the doctrine without considering the reflective and sincere thought-process required for each situation, one will not be able to come to a real solution to any "real-world" problem.

I wanted to take a moment to gather the findings in the area of Studies in Propagation in order to provide a foundational basis that might enable one to arrive at solutions to their respective problems that they may be faced with in the "real world."

I would like to deeply and warmly thank the head of Nagata Bunshodo for helping me with this project in such a short time and for putting up with my many selfish requests.

Also, particularly regarding Chapter 8 of this book, I would like to sincerely thank and recognize Yoshihiro Okuda for his efforts, as well as Mutsumi Wondra, Ryoei Nanjo, Teruki Matsunami, Takashi Miyaji, Masaharu Ito, Kenji Ito, Daishin Takeda,YugenKouno, IchijuNishimura, Josho Nasuno, Shoju Fujio, Keijun Inoue and Akari Nasuno for their help despite their busy schedules.

Sencho Fukagawa

February 28, 2022

Brief Biography of the Write

1953   Born in Nagato City of Yamaguchi, Japan
1981   Completed the Ryukoku University Shin Buddhist Studies Doctoral Program
1983   Graduated from Jodo Shinshu Hongwanji-ha Shugakuin
1981-1993 Ryukoku University and Kyoto Women's University, adjunct instructor
1994   Ryukoku University, assistant professor
2001   Ryukoku University, professor
2015   Ryukoku University Graduate School of Practical Shin Buddhist Studies, Department Chairperson
2012   Yamaguchi Research Association of Shin Buddhist Studies (Yamaguchi Shinshu Gakkai), President
2017   Shinshu Coalition Society, Board Director
2018   Japanese Association of Indian and Buddhist Studies, Board Director
           The Nippon Buddhist Research Association, Board Director
2019   Studies in Shin Buddhism (Ryukoku Shinshu Gakkai), President
Present   Ryukoku University, Professor Emeritus
           Jodo Shinshu Hongwanji-ha, Kangaku
           Sainenji (Tawarayama, Yamaguchi), Head Minister

著者略歴

深川宣暢（ふかがわ　のぶひろ —せんちょう—）

1953年　山口県長門市生まれ
1981年　龍谷大学文学研究科博士後期課程（真宗学専攻）単位取得満期退学
1983年　浄土真宗本願寺派宗学院卒業
1981～1993年　龍谷大学・京都女子大学非常勤講師
1994年　龍谷大学助教授
2001年　龍谷大学教授
2012年　山口真宗教学会会長
2015年　龍谷大学大学院実践真宗学研究科長
2017年　真宗連合学会理事
2018年　日本印度学仏教学会理事・日本仏教学会理事
2019年　龍谷大学真宗学会会長
現　在　龍谷大学名誉教授・浄土真宗本願寺派勧学・西念寺（山口県俵山）住職

著書

『浄土文類聚鈔講読─付・日渓法霖『文類聚鈔蹄渉記』─』（永田文昌堂）
『一念多念文意講読』（永田文昌堂）
『講本・無量寿経優婆提舎願生偈註・巻上』（永田文昌堂）
『日本仏教十三宗ここがちがう』（大法輪閣・共著）
『生きる力』（浄土真宗教学研究所ブックレット・共著）
『摂取の法─すくいのみのり─』（永田文昌堂）
他多数

真宗伝道学研究序説

2022年6月30日　第1刷

著　者　深　川　宣　暢

発行者　永　田　　悟　京都市下京区花屋町通西洞院西入

印刷所　図書印刷　同　朋　舎　京都市中京区西ノ京馬代町六-十六

発行所　永　田　文　昌　堂　京都市下京区花屋町通西洞院西入
　　　　　　　　　　　　　　電話（075）３７１─６６５１番
　　　　　　　　　　　　　　ＦＡＸ（075）３５１─９０３１番

ISBN 978-4-8162-5831-2 C3015　　　　　　〔検印省略〕